TAOQI SHIDA
TOUZI YU SHOUCANG

投资与收藏

陶瓷十大冷门

十大冷门收藏鉴赏与投资系列丛书

李彦君○主编

中国书店

图书在版编目（CIP）数据

陶瓷十大冷门投资与收藏/李彦君主编．—北京：中国书店，
2013.1

（十大冷门收藏鉴赏与投资系列丛书）

ISBN 978-7-5149-0569-4

Ⅰ．①陶… Ⅱ．①李… Ⅲ．①古代陶瓷－投资－中国
②古代陶瓷－收藏－中国 Ⅳ．①G894

中国版本图书馆CIP数据核字(2012)第278552号

陶瓷十大冷门投资与收藏

李彦君 主编

责任编辑：陈扬

出版发行：中国书店

地　　址：北京市西城区琉璃厂东街115号

邮　　编：100050

印　　刷：北京市十月印刷有限公司

开　　本：787mm×1092mm　1/16

版　　次：2013年1月第1版　2013年1月第1次印刷

印　　数：3000

印　　张：8

书　　号：ISBN 978-7-5149-0569-4

定　　价：50.00元

中国当代艺术品收藏市场十分火爆，拍卖价上亿元的拍品时有出现，而且还有许多不为人们所熟悉的艺术品，以不俗的品相和拍卖价闯入人们的视野。

最典型的事例是发生在 2005 年 7 月 12 日，伦敦佳士得拍卖一件元青花"鬼谷子下山图"罐，以 1400 万英镑天价成交，加佣金后为 1568.8 万英镑，折合人民币约 2.3 亿元，创下当时中国艺术品在世界最高拍卖纪录。从此，古玩收藏者一听说元青花，眼睛就会发亮，元青花成为当代艺术品收藏市场上的"热门"。

然而此前，元青花却不为国人所知，在 20 世纪 50 年代以前，连陶瓷史专家和学者也不承认元青花的存在。世界上最著名的 "至正十一年"铭文的青花象耳大瓶，据传曾是北京智化寺的供器，不知何故落到福建华侨吴赉熙手中。20 世纪 20 年代后期，在国人普遍不认元青花的环境下，吴赉熙将这对大瓶带到英国伦敦，几经辗转，被英国伦敦大学达维特中国艺术基金收藏。此后有英国人霍布逊和美国波普博士对对英国达维特基金会藏瓷进行研究，发现了"至正型"青花。西方收藏家开始青睐元青花，是在 1968 年克里夫兰美术馆举办"蒙古统治下的中国艺术展"之后，但当时还没有发现多少堪称传世之作的元代青花，在收藏界没有产生影响。这个事例说明，在我们熟知的大收藏门类（青花瓷）中仍会有一些品种（元青花）没有得到应有的重视，这就是"冷门"。

此例也说明艺术品拍卖市场上的"热门"与"冷门"是可以转化的。当然，在艺术品市场上也时常出现"热门"向"冷门"转化的现象，典型者，如唐三彩。唐三彩的发现缘于 1905 年—1909 年修筑陇海铁路，在洛阳北土邙山一带因筑路基挖出一批唐墓，从唐墓中发现许多陪葬的三彩陶器，这是人们此前所不知的三彩陶器，色釉浓淡变化、互相浸润、斑驳淋漓、色彩自然协调，受到中国以及世界艺术界的关注，尤其是 20 世纪 80 年代以后，唐三彩的研究更是火热，不少专家纷纷把研究成果公之于众。因海外收藏市场的过度炒作，假货泛滥，出现了泡沫，使唐三彩价格一落千丈，使唐三彩成为收藏者的恶梦，导致成为少有人问津的"冷门"。

但无论是由"热门"转向"冷门"，还是由"冷门"转向"热门"，都存在一

个思维定式被打破的问题。

艺术品收藏市场上之所以会出现所谓的"热门"和"冷门"，首先与人们对一种艺术品的认知程度有关，二是与人们收藏这种艺术品的获利大小有关。仍以青花瓷为例，长期以来，爱好者和收藏者都格外关注明永乐、宣德青花瓷器，其次重视清康雍乾青花瓷，这与人们对明永乐、宣德、康雍乾青花瓷的认知程度有关。元青花以前不被人们看好，是因为人们不了解元青花的历史。后来知道了，元青花便成为中国瓷器中最璀璨夺目的明珠，成为一座尚未开发的宝藏。

中国有近万年可考的历史文化，创造了无法统计的艺术品。虽大多数艺术品已随岁月的流逝而消亡，但中国有收藏文化艺术品的传统和事死如生的厚葬风俗史文化遗物，特别是墓葬和地下埋葬的遗物，流入市场较多，构成了今天艺术品市场的主流收藏品，

"十大冷门"是指某一种传统收藏大项中有十种品类值得收藏，这次先推出五种传统收藏大项的"十大冷门"。

《十大冷门》系列丛书的推广，一是有利于保护目前尚未被人们注意的文化遗产，使之得到人们更好的传承和推广。二是给刚刚接触收藏但又尚无收藏目标的人，提供切实可行的收藏指导，使他们沿着收藏之门进入文化领域，形成研究风尚，在收藏中能够名利双收，使国家文化遗产更加完善地保存和传播，无疑对世界文化遗产的研究和保留更有意义，同时也丰富了众多藏友不同的兴趣和爱好，在满足收藏投资所需时，更能冷静对待艺术品市场现状进行分析，做出正确收藏的判断。

目录

陶瓷"十大冷门"简介

陶瓷是传统收藏大项，由于陶瓷历史跨度长，名窑名釉繁多，『热门』陶瓷品种已数不胜数。然而也有一些陶瓷品种，因人们不了解而暂时成为古玩市场上的『冷门』。我们遴选出十种，汇编成册，向收藏爱好者作简要介绍：一、原始青瓷；二、汉绿釉；三、历代陶俑；四、宋三彩；五、陶瓷灯具；六、瓦当、文字砖；七、战汉彩绘陶；八、魏晋青瓷堆塑罐；九、史前彩陶；十、宋元堆塑龙虎瓶。希望能使您的艺术品收藏活动丰富多彩。

一、原始青瓷

（一）释名与沿革

1. 释名

原始青瓷是因考古发现而产生的一个概念。新中国成立以来，考古工作者在商周遗址中发现了器胎灰青、质地坚硬致密、外挂有一层透明釉的窑器，当时称为"釉陶"或"青釉器"。以后，在郑州二里岗等先商遗址又陆续发现这类窑器。

1960年，有考古工作者认为这些遗物就是瓷器，理由是用高岭土制胎、器表施釉。但有学者认为，此若定为瓷器是不妥的，因其器胎不具有半透明的特征，故而认为这类窑器应是釉陶或硬质釉陶器。也有人认为这只是半陶半瓷器。这种争论，其实是对窑器分类标准的争论。后来几经商榷，学术界采用各方都能够接受的概念——原始瓷。也有称为"釉陶"的。

原始瓷，釉色青黄或黄褐，与真正

🏺 西周 原始青瓷四兽耳罐

西周 原始青瓷瓿

的瓷器尚有距离,因此称"原始瓷器"或"原始青瓷"。原始青瓷起源于陶而优于陶,近于瓷,尚不是完全成熟的青瓷。原始青瓷是中国瓷器的鼻祖,在中国瓷器发展史上具有划时代的意义。因为在人类文明进程之中,陶器是史前民族进入新石器时代的标志,世界上几乎所有的民族都会制陶,但只有中国出现了瓷器。

2. 沿革

出土原始瓷器年代最早的遗址是山西省夏县东下冯龙山文化遗址。这里出土原始瓷器的残片20多片。经复原处理,其器形为罐、钵等。多为素面,没有花纹,

少数有蓝纹或方格纹。表面有一层绿色薄釉。质地坚硬,吸水率很低,敲击时发出铿锵之声。这些原始瓷是在白陶、印纹硬陶的基础上创制出来的。原始瓷的胎坯成型工艺多用泥条盘筑法。

从夏至东汉,原始瓷器一直在生产,各地均有出土,都是以氧化铝含量高和氧化铁含量低的瓷土制胎,在胎表面施一层石灰釉,在1200℃以上的窑中烧成,胎质呈白或灰白色,不吸水,叩之有金属般的脆声;釉为玻璃质,呈青或青绿色,称为青釉。

由于当时选料不精,制坯工艺尚简陋,烧制技术尚有待于提高,与东汉末

期成熟的青瓷相比，还有很大差距。

（二）工艺特点、品类与鉴定

1. 工艺特点

原始瓷器与陶器有本质区别：首先它是用一种含熔剂较少的粘土（后来称为瓷土或高岭土）作原料；其次主要是用泥条盘筑法成型，也有的是在陶轮上修坯轮制成型，并用拍印、刻划、堆塑等技法做出各种装饰花纹，胎体表面施上一层人工配制的石灰釉，在1200℃以上的高温窑中烧成。

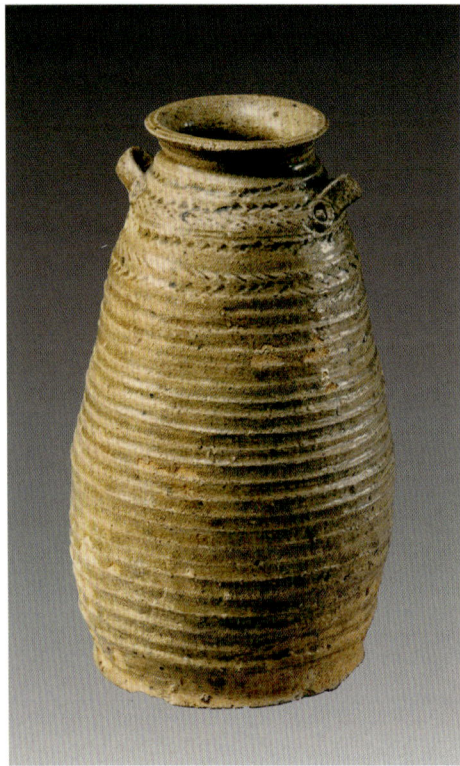

🏛西周 原始青瓷瓶

部分原始瓷的器表也拍印纹饰，有些纹饰与同时期的印纹硬陶器相同。因为经过拍打，器物的内壁上也留下"抵手"抵住内壁形成的凹窝。原始瓷器有的外壁和内壁都涂釉，有的则是外壁和内壁上部涂釉，内壁下部没有涂釉，釉的厚薄也不均匀，并有流釉现象。

西周原始瓷器与印纹硬陶关系密切，工艺相同，只是制坯所用的黏土不同。

2. 品类

（1）商周原始瓷

商周时期是原始青瓷产生、发展的阶段。河南郑州的商代遗址出土很多保存完整的瓷尊、瓷罍和瓷罐等，还有原始瓷的碎片，胎骨细腻坚硬，烧成温度在千度以上，叩之有金属声。经化验证明，这些原始瓷器的瓷胎与后世成熟瓷器的胎骨所含化学成分相似，都是用高岭土烧成的。瓷釉光亮，一般施于器表和部分口沿处，器内施釉的原始瓷很少。釉色以青绿为主，少数呈褐色或黄绿色。胎和釉结合紧密，施釉极薄。制作器坯基本上采用轮制，仅少数用手捏和泥条盘筑法成型。

商代中期原始瓷主要有尊、罍、钵、罐、瓮、豆、簋等，胎质坚硬，呈灰白色和灰褐色，并有少量胎质为纯白稍黄。器表釉色以青色最多，并有一些豆绿色、深绿色和黄绿色。印纹有方格纹、篮纹、

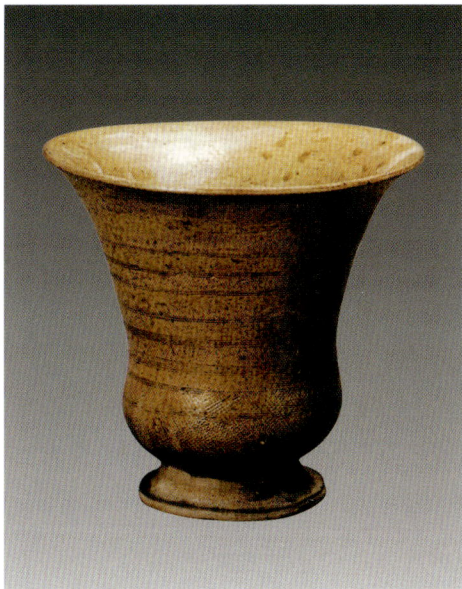

🔶商　原始瓷弦纹尊

🔶西周　原始瓷尊

叶脉纹、锯齿纹、弦纹、席纹和S形纹，并有一些圆圈纹与绳纹。

商代后期原始瓷主要有尊、瓮、罐、盆（缶）、钵、豆、壶、尊、簋、碗和握手器盖等。胎以灰白色为主，有少量呈青黄色、淡黄色和灰色。釉色多呈青色和豆绿色，也有少量呈酱色、淡黄色或绛紫色。器表釉下拍印的几何形纹有方格纹、锯齿纹、水波纹、云雷纹、叶脉纹、8形纹、网纹、翼形纹、圆点纹、划纹、弦纹和附加堆纹等。

西周原始瓷：考古工作者在北京、河北、山东、河南、山西、陕西、安徽、湖北、江苏、浙江、江西等地的部分西周遗址与墓中都发现原始瓷器，有豆、罍、瓮、簋、碗、罐、盘、盂、尊、钵等。胎以灰白色为多。釉色主要是青绿色和豆绿色，并有少量黄绿色与灰青色。釉下几何形纹有方格纹、篮纹、云雷纹、席纹、叶脉纹、齿状纹、划纹、弦纹、S形纹、乳钉纹、圆圈纹和曲折纹等。

洛阳北窑西周贵族墓出土的西周原始瓷，这些墓因入葬时间不同，在器类、器形、纹饰上各有特征，而且与南方原始青瓷个同，属北方原始青瓷系统，其产地在北方，很可能就是洛阳。

（2）春秋战国原始瓷

春秋战国时期，原始瓷的生产达到鼎盛时期，工艺上逐渐摆脱了原始状态，并从陶器生产中分化出来，建立了独立的作坊，成为一种新兴的瓷器手工业。

🏮 春秋早期 原始青瓷尊

🏮 春秋中期 原始青瓷罐

春秋晚期，江浙一带的原始青瓷成型工艺已从泥条盘筑法改为轮制，因而器型规整，胎壁减薄，厚薄均匀。器型有敛口深腹圆鼓的平底罐、敛口扁圆腹平底瓿、敛口浅腹圆鼓平底盂、大敞口平底碗和器盖等。胎呈灰白色，其上有一些黄白色和紫褐色块斑。釉色有青绿色、黄绿色和灰绿色。器表釉下有网格纹和绳纹。

黄河中下游地区春秋原始青瓷很少发现，所见只有敛口深腹圆鼓平底罐，釉下饰印网格纹。

（3）汉代原始瓷

汉代原始青瓷在造型和装饰上与商周时期相似，但胎釉的化学组成以及烧成温度等方面则不同。汉代原始青瓷制

🏮 春秋中期 原始青瓷碗

战国　原始青瓷盂形鼎

战国　原始青瓷盉

战国晚期　原始青瓷香薰

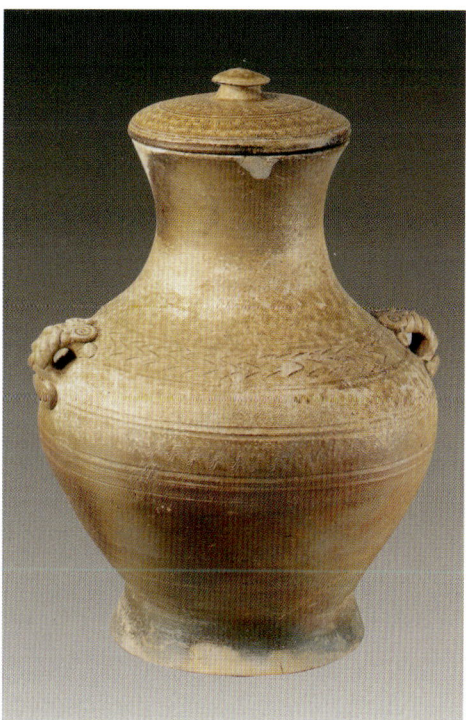

战国　原始青瓷壶

一、原始青瓷

作精细，胎多为灰白色，施釉方法已改为浸釉法，生活日用器如碗、盘、罐、盘口壶等成为主流。胎质致密坚硬，胎色多为灰白或淡青灰色，瓷化程度较高，敲击声音清脆。釉层均匀，胎釉结合紧密，仅个别有剥釉或积釉现象。釉色青绿，也有些为青黄，但釉面匀净。

汉代原始青瓷有碗、盘、水盂、钵、罐、壶、盆、洗、瓿、五联罐、唾壶、奁及少量的三足碗、三足盘。钵的造型多直口，直腹，内收底，平足内凹，器型丰满。罐多直口硕腹，肩腹之间有双系、四系或六系。壶多有很浅的盘口。五联罐是三国两晋谷仓的雏形。瓷砚一般有小围墙，砚面凸起、周围是沟槽，平底，三个蹄形足。汉代原始青瓷以光素为主，有的瓷器的口、颈、肩、腹有划或印的弦纹、水波纹、麻布纹、网纹、带状纹、方格纺纹、杉叶纹等。壶、洗、盆、罐等常贴印铺首（兽面衔环）纹等。

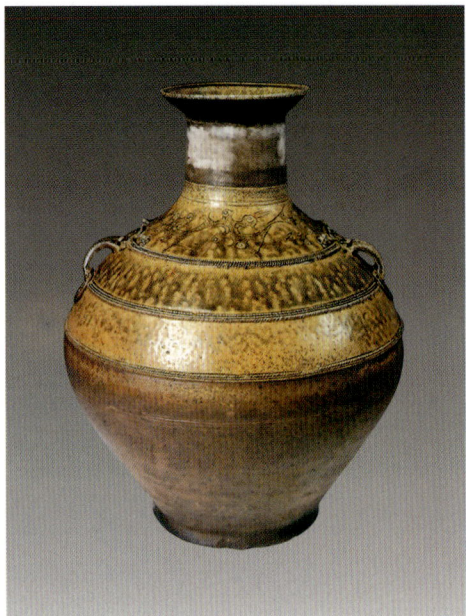

🔶 东汉　青釉绳纹双耳壶

🔶 西汉　青釉罍

3. 鉴定要点

原始青瓷胎为灰白色和灰褐色，胎质坚硬，瓷化程度较高，其釉色青，釉层较薄，厚薄不均，是当时采用沥釉法施釉的缘故。鉴定原始青瓷，除看胎骨和釉色之外，对纹饰的鉴定也很重要。瓷器上的纹饰就像一个人的衣冠，具有明显的民族性和时代性，是鉴定原始青瓷不可忽视的方面。

有些作伪者会仿制一些新出土的稀见品或珍贵品，使用与原器相同瓷土制成范，再上釉，并且入窑焙烧，然后再埋入土中，为加速假包浆的形成，会使用化学物质掺入泥土中，假以时日，便可仿制出以假乱真的高仿品，让新手们

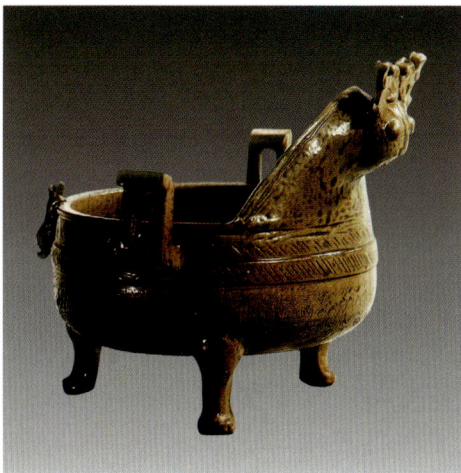

🔴 春秋中晚期　原始青瓷罐

难辨真伪。但只要细心观察比较，就可发现釉面的光泽死板呆滞。

（三）存世量分析

原始青瓷烧造时间长，烧造地域广，考古工作者在北京、河北、山东、河南、山西、陕西、安徽、湖北、江苏、浙江、江西等地的西周遗址与墓葬中都出土过原始青瓷。原始青瓷存世量很大，窑口多，而且在窑址出土的原始青瓷数量较多。

（四）影响收藏价值的因素

目前古玩市场上的原始青瓷，因存世量大，并且国人对"明器"敬而远之，故价格很低。

另外，现代人对原始瓷的观念有误，因为在原始青瓷盛行的时代，陶工强调实用性，以实用性作为审美的首要条件，好用就是美，这是高古陶瓷收藏的一个特点。也是大多数人对原始瓷审美的盲区。

（五）目前国内外市场行情

目前古玩市场上的原始青瓷交易不畅，除个别精品能卖出高价，大多数原始青瓷都处于低价位，小件只要几百元就可以淘到。

在国际市场和各大国际拍卖会上，很少见到原始青瓷，也没有拍出高价格的实例。

（六）投资增值依据

目前，大多数古玩收藏者及投资人对原始青瓷历史价值的认识还不够，而目前明清瓷器的价格已达到饱和，如果想投资瓷器升值，不妨考虑原始青瓷。因为原始青瓷是瓷器的始祖，具备艺术品收藏的优越条件，目前存世量多，价格低，而且不容易买到假货，有较大的升值空间。

二、汉绿釉

（一）释名与沿革

1. 释名

汉绿釉，是指器表有黄绿色低温铅釉陶器，又名铅釉陶，于西汉晚期出现。这种陶器所用绿釉，是一种适于陶器所用的低温铅釉。在瓷器没有成熟之前，釉陶是工艺最先进、装饰最华丽的陶器，代表汉代制陶工艺的最高水平。在当时这种铅釉陶用作高档明器，烧制十分普遍，大多陶器釉色单一。在已经发现的这种铅釉陶器中，现代人们习惯将绿色釉陶叫做"汉绿釉"，把黄色釉陶称为"汉黄釉"。

2. 沿革

西汉时期，瓷器尚未成熟，陶器和原始瓷仍是陶瓷业的主项，釉陶是陶器中的高档品，也是汉代陶瓷工艺的重大成就。

汉代釉陶有硬釉陶与软釉陶两种。

硬釉陶是用含有氧化硅铁的釉，施于夹砂红陶和灰陶上，在高温窑中烧成，

汉　绿釉猪

呈灰青色,击打时发出铿锵之声,因釉层结实耐用,故有硬釉陶之称,用作高档日用陶器。

软釉陶是用含铜的铅釉,施于泥质疏松的红陶上,在低温下烘烧而成,呈绿色、黄褐色、橘红色,因质松易碎,多用于明器。

器釉色窑变呈现出翠绿色、酱黄色、橘黄色、深褐色、黑灰色等颜色。釉内掺入大量的铅做助熔剂,使釉陶表面平整光滑,釉层清澈透明,色泽悦目,富有极强的装饰效果。汉代时,这种铅釉陶作为明器烧制十分普遍,大多陶器釉

色单一,在已经发现的这种铅釉陶器中,现代人们习惯将绿色釉陶叫做"汉绿釉",把黄色釉陶称为"汉黄釉"。

另外,关中和河南济源地区出土了复色釉铅釉陶,能根据器物不同的部位有选择的施釉,达到良好的艺术效果。西安出土的一件釉陶壶,内施酱红色釉,外施稀薄浅绿色釉。同一墓出土的钟,器内以及器表圈足以上施较深的酱红色釉,圈足和铺首施绿釉。河南济源地区出土的釉陶器,各种色釉相互交融,取得了类似后世三彩的装饰效果,这是最早的"三彩"釉陶——"汉三彩"。"汉

🏵 东汉　绿釉俑

🏵 东汉　绿釉陶仓

二、汉绿釉

🏵 西汉　绿釉谷仓

🏵 汉　绿釉跑兽浮雕罐

三彩"的出现，打破了原先釉陶色彩单一的局面，是汉代陶艺大师对釉色装饰艺术的大胆创新，是艺术品位和风格的升华。"汉三彩"为以后"唐三彩"的成功烧制奠定了基础。

东汉以后，社会进入战乱纷争的时期，釉陶生产一度衰落，十六国时期开始复苏，北朝时期产量增加，转为在瓷器作坊中生产。隋唐时，釉陶高度发展，创烧出蜚声世界的唐三彩陶。

（二）工艺特点、品类与鉴定

1. 工艺特点

汉代绿釉陶是一种高级陶器，皇家用作随葬明器，制坯工艺不精细，部分尚留有明显的削痕与接缝，器表以素面为主，模印、刻划等胎装饰工艺在汉绿釉器上应用很少，只作为局部辅助装饰。常见辅纹有植物纹，变形云纹及人物舞蹈和龙、虎、猴、熊、鱼、鸟等动物纹，形象简单生动，一般不做细部刻画。

汉代绿釉是含铜的石灰釉。铜作为釉中的呈色元素，在氧化气氛中呈绿色。用刷釉方法上釉，施釉不均匀，多数成品有流釉现象。细心观察可以发现，流釉现象大都不是从器物口沿流向底足，而是由下向上流动。许多器物底、下腹部位釉层较薄，口颈部分釉层较厚，尤其口沿，常有一些不整齐的滴珠，说明汉代绿釉器采用覆烧工艺。当然也有大量汉绿釉陶是正烧的。

2. 鉴定

(1) 汉绿釉与原始青瓷的区别

汉绿釉与原始瓷有很近的血缘关系，可以说同是青瓷成熟之前的釉陶，但汉代绿釉与原始青瓷仍有很大的区别。

一是原始青瓷是用高温（烧制窑温在1000℃以上）烧制而成，汉代绿釉是低温烧制而成。前者胎质较优，与其后成熟的瓷质接近，后者就是陶质，也就是古玩行所说"瓦胎"。

二是原始青瓷施高温釉，汉代绿釉施低温釉。从釉面上看，原始青瓷开"鱼籽片"，附着力较强；汉代绿釉不开片，易脱落。轻轻敲击两种艺术品，原始青瓷发声若"女高音"；汉代绿釉陶发声若"男低音"。

🌸西汉　绿釉灶具模型

(2) 汉绿釉的釉面特征

汉绿釉的折射指数比较高，流动性大，熔融温度范围比较宽，因此少见石灰釉和石灰碱釉中容易出现的"橘皮""针孔"等缺陷，同时釉层中无气泡和大量

🌸汉　绿釉鸭柄匜

二、汉绿釉

残余晶体的存在，使表面平整光滑。汉绿釉的烧制不用特殊的窑具，是一个叠一个装窑。常见的烧制缺陷主要是"窑粘"和"落砂"。

汉绿釉是铅釉面，出土品上基本上都有蛤蜊光。真正的蛤蜊光是细小的分裂纹所致，釉面上有缩釉现象，且有针尖大小圆点。返铅呈度是不一致的，这个是从内外溢的，很难洗掉。现代仿品的釉面，裂纹呈片状，有的裂纹呈大块状，有较亮的光泽，不见细小开片，返铅现象较少。

墓葬出土的汉绿釉表面常有一层银白色金属光泽的物质，收藏界称为"银釉"或"返铅"。对于银釉形成的原因，众说纷纭。有人认为这是棺材中的朱红变成水银粘在陶器表面，也有人认为是绿釉中的铅粉析出釉面所致。日本人盐田力雄认为"这种恐怕是类似云母之物"。中国科学院上海硅酸盐研究所对此做过一系列试验，否定了以上说法。所谓"银釉"实际上是铅在绿釉表面形成的一层半透明"薄衣"。如拿刀在釉面上轻轻刮几下，就可以把这层衣裳刮去。在显微镜下，这一层衣裳呈层状结构，与云母的结构颇为相似，层次多少不一，少者几层，多者可达二十多层。

(3)"银釉"不是汉绿釉的唯一特征

许多收藏汉绿釉的人，包括西方人在内都讲究"银釉"或"返铅"，都以"银釉"为鉴定依据。一看有"银釉"，就觉得这件东西是真的，一看无"银釉"，

🏵汉　绿釉走兽海水博山炉

🏵汉　绿釉印花兽面纹方壶

就觉得是假的。其实"银釉"与汉绿釉的真伪没有必然的关系，因为"银釉"不是汉绿釉的唯一特征，而是埋藏环境的特征。很多无"银釉"的陶器都是真的汉绿釉。

（三）存世量分析

根据考古资料，可知绿釉陶器首先在陕西关中地区出现。由于在汉武帝时期墓中很少发现，在汉宣帝以后的墓中发现较多，表明铅釉陶是在汉宣帝时期才发展起来。

在西至甘肃，北达长城，东到山东，南抵湖南、江西等地的东汉墓中均有汉绿釉陶出土，表明其流行地域范围十分广阔，

而且主要用作陪葬明器（神明之器）。

因汉代烧造的汉绿釉陶，胎和釉结合得较稳定，故有很多质量较好的绿釉陶器出土。不过几年前已有些买家对汉绿釉陶器全面扫货，致使古玩市场上少见汉绿釉陶了。

（四）影响收藏价值的因素

汉绿釉属于低温铅釉，是汉代陶瓷工艺的一种创造，拥有如翡翠般晶莹的绿色，釉层清澈透明，釉面光泽强，表面平整光滑，光彩照人。由于汉绿釉出土于西汉晚期至东汉的墓中，是专用明器，至今还没有发现实用器物。在传统思维的定式下，现代大部分收藏者不喜

🌸 东汉　绿釉作坊模型

汉 绿釉陶狗

汉 绿釉陶磨坊模型

汉 绿釉望楼模型

汉 绿釉灶模型（嘉德 2006 秋拍）

汉 绿釉陶壶（台北"故宫博物院"藏）
　高38.8厘米　口径20.7厘米　底径23.6厘米

爱收藏汉绿釉陶。其实，很早以前，汉绿釉就是很有收藏品，连宫廷都收藏。台北故宫博物院收藏一件汉代绿釉陶壶，此陶壶仿青铜器而成，圆腹、长颈、兽面衔环耳。内外皆暗饰绿色铅釉。此汉代陶壶于早年出土，绿色铅釉在地下受浸，致使器表部分呈现银白色。乾隆皇帝特别喜欢此器，写下一大段赞扬文字，命人刻在壶的圆腹上，表达他对这类陶器的喜爱。

（五）目前国内外市场行情

多年来，高古陶瓷在艺术市场上的现身与流通，一直是让文物管理部门颇为头痛的事。按照现行的《文物法》，这类陶瓷大多数是出土品，是禁止流通的。但事实上几乎每个城市的文物市场上，都可以看到它们沾满泥土的身影。管理人员如果前去干涉，店主就会振振有辞地说这是高仿品，属于工艺品的范围，或者说自己看不懂，真伪不保，一切由买主自行决定。而市场管理部门出于"繁荣繁华"的考虑，也就睁一眼闭一眼了。类似的情况曾出现在上海，二十年前在会稽路和福佑路古玩市场就可以看到高古陶瓷，市场管理部门接到举报后也查处过几回，但店主的损失几乎可以忽略不计，因为货源实在太充足了，而且价钱真是便宜。当时一件晋代的青瓷盘口壶只卖四五百元，汉代的绿釉、青釉盘口壶也是这个价。有收藏家做过这样的数学题：如果你在两千年前往银行里存一元钱，到今天的利息也远远不止四五百元。

近几年，汉绿釉价格在稳中略涨，但总体价格仍处于较低的阶段，远未达到其应有的价格水平，这与汉绿釉为明器，很多投资者与藏家都不愿涉及有关。国际市场上的汉绿釉，价格平稳，涨幅缓慢。

（六）投资增值依据

汉绿釉是历史上著名的艺术陶器，一向被中外收藏者所重视，只是近几十年来逐渐淡出人们的视线。有一些知识渊博的收藏者知道汉绿釉的身世，下力气收藏，当作"潜力股"来培养。汉绿釉有一定的存世量，保存较为完好，有些汉绿釉做工也相当精湛，很适合喜欢老窑瓷的藏家来收藏。

就目前的情况来看，汉绿釉价格已开始上涨，未来价格上涨的趋势非常明显。投资者不妨收藏一些品相好的汉绿釉，相信未来的市场发展一定会很好。

三、历代陶俑

（一）释名与沿革

1．释名

陶俑是用陶塑技法制成的人型明器，俑的本义是"埋在坟墓里的偶像"。陶俑的制作工艺与史前泥塑、陶塑相同，但又不是所有的陶塑人形、动物都是俑，只有代替人、牲畜殉葬的陶塑偶像才属于俑。

陶俑中有不上彩釉的陶俑，也有上彩的彩绘陶俑和上釉的三彩俑，本文介绍前两种。

2．沿革

中国古代随葬俑是用来象征殉葬的人和家畜。陶俑主要用作明器。最早的陶俑产生在商代，安阳曾发现带有镣铐的男女俑，但数量极少。

随葬陶大量出现是在奴隶制社会和封建社会交替、人殉废止的春秋时期，盛行于秦汉至隋唐时期。宋代以后，葬俗转易，尤其是焚烧纸在丧葬中的盛行，使陶俑的使用骤减。元明时期，随葬陶俑偶见于一些王公官员墓中，至清初遂告绝迹。

随葬俑以木、陶制品为多，也有瓷、石、金属或纸制品。种类有奴仆俑、舞乐百戏俑、士兵俑、官吏俑、仪仗俑等，还往往附有鞍马、牛车、兵器、工具、庖厨用具和家畜等模型。

已知最早的随葬俑，见于山西长子县牛家坡 7 号墓，属春秋晚期，墓中有 3 个殉人、4 件木俑。其次是山东临淄郎家庄 1 号墓，属春秋战国之际，墓中有 20 个殉人、多组陶俑。这种殉人和俑共出于同一墓中的现象，说明当时还处于用俑随葬的开始阶段。

❀ 秦　灰陶跪射武士俑

秦汉时期陶俑、木俑盛行。秦始皇陵兵马俑随葬数千件与真人等高，象征军队的陶俑是最突出的例子。汉阳陵俑坑、咸阳杨家湾汉墓、徐州兵马俑坑也都是用几千件兵马俑和步兵俑组成浩大的军阵随葬的，是汉代兵马俑的代表。

东汉设置了负责明器制造的官方机构"车园匠令丞"。同时规定了社会各阶层葬仪所用陶瓷明器的规格。一些有见识的政治家，抨击了这种现象。如王符《潜夫论·浮侈篇》："今京师贵戚，郡县豪杰，生不极养，死乃崇丧，或至刻金镂玉，梓楩梗楠，良田造茔，黄壤致藏，多埋珍宝、偶人、车马，起造大冢，广种松柏，庐舍祠堂，崇侈上潜。"汉代的厚葬之风，虽然导致了社会财富的浪费，但一方面又推动了汉代陶塑工艺的发展。东汉墓中常见各种庖厨俑、奴仆俑、舞乐百戏俑和武装部曲俑等。

魏晋南北朝时期，北方流行人马都披铠甲的甲骑具装俑，南方开始出现青瓷俑，一般做成步兵、属吏或侍仆的形象。

隋唐时期，出现了三彩俑，无釉陶俑便逐渐退出历史舞台。北宋以后，民间流行焚烧纸人祭奠，三彩俑、木俑陪葬的习俗渐趋衰落。但元明时期的一些王公官员墓，仍用大批陶俑、木俑作为仪仗陪葬。

（二）工艺特点、品类与鉴定

1. 工艺特点

陶俑是用陶塑技法制成的人型、动物型明器，制作工艺与一般陶器相同。只是陶俑是为葬仪所制，所塑造的人型具有鲜明的时代特色。有些大型陶俑是用多块模具，分部位模制，然后再装配起来。因小型陶俑是民用明器，使用量很大，一般是用模具批量生产，这可从小型陶俑均一的造型上看出来。

秦 灰陶武官俑

2．品类

（1）春秋战国时期陶俑

考古资料表明，春秋战国陶俑一般出土于中国北方。目前考古发掘中时代最早的陶俑，是在山东、山西、河南省春秋战国墓中出土的，形体较小，高约4厘米至10厘米。

山东省临淄郎家庄1号墓，在墓内主室周围有17座陪葬坑，在陪葬坑的死者随葬有成组的小型陶俑，但该墓主室的填土中还埋有人殉。这种人殉和陶俑同出一墓的现象，说明当时还处于用俑的初期。

该墓的年代约为春秋战国之际，出土的陶俑制作粗糙，火候很低，所以出土时多已残损。它们的形体很小，高仅10厘米左右，只具有大概的轮廓，缺乏细部刻画。为了模拟真人，曾在俑头上用墨勾画眼眉，衣服上施彩绘，目前尚能分辨出男披甲武士和女婢、伎乐等形象。

时间稍晚的作品，还有在山西省长治分水岭战国墓出土的陶俑。它们的形体更小些，身高仅5厘米左右。如在14号墓中发现有18件小陶俑，男女俱备，造型极其简单，仅有轮廓。身体上存有制作时留下刀削痕，全身涂朱。它们也可能是奴婢形象，其中一人还背负一个小孩，是

🏵 汉　抚琴俑

🏵 东汉　听乐陶俑

一件特殊的作品。河南省辉县琉璃阁140号墓有战国晚期陶俑两个，系捏制而成，面部丰满，涂朱色，冠涂黑色。

这些陶俑虽然制作粗糙，烧制火候不够，易破碎，但它是中国早期陶俑的珍贵实物，文物价值高。

(2) 秦代陶俑

秦始皇陵兵马俑，是1974年起在陕西临潼骊山秦始皇陵墓周围陆续出土的。仅发掘两个坑，出土各种陶塑兵马俑7000多件，兵马俑列队整齐、组织严密，似有警卫队、战斗队、指挥部，军容威严，是秦军"奋击百万，战车千乘"的缩影。

兵马俑与真人等高（身高1.75米至1.86米），个个威武雄壮、威风凛凛，却形态各异，神情不一，性格有别，异常真实。还有那高1.5米、体长2米的陶马。1994年正式开掘秦俑2号坑，发现由跪式立式弩兵俑、驷马车模型、骑兵俑组成各种方阵，约有陶俑陶马1300余件、战车80多辆以及众多的青铜兵器。其中鞍马骑兵俑、跪姿射俑等，都是独有的创造。

秦始皇陵兵马俑都是彩绘俑，只是施彩方法不如器物描绘仔细，而是整片涂抹，追求整体效果。因长年受潮，出土时颜色已褪，露出灰陶本色。

(2) 汉代陶俑

汉代早期，陶俑多模仿战国时期木俑形象，身躯扁平，拱手直立，下部衣裙作喇叭状，并施以彩绘，形象简练，装饰趣味浓厚，但也让人感到存在机械呆板的缺憾。

汉代中期，艺人摆脱了以往制俑的模式，运用了提炼、夸大等艺术手法来塑造各种俑人的形象，不拘泥于人体比例和结构的准确，而是注重神情的表达，制作出大批艺术性较高的陶俑作品。

汉代盛行厚葬之风，令陶俑题材丰富，有兵马俑、男女侍从俑、舞蹈俑、

🌸 秦 秦始皇陵兵马俑

说唱俑、家禽俑、家畜俑等。

西汉民间所用陶俑多为侍从俑，形象单纯生动，注重掌握动态和夸张的基本比例。

西汉贵戚墓，特别是诸王墓和封侯大将军墓，也有数量很多的军马俑列队陪葬。1965年在陕西咸阳杨家湾汉墓的十一个陪葬坑中，出土彩绘骑兵俑583件，步兵俑、人俑等1900多件，鎏金车马饰1000多件。陶俑作五列四行排列，前三列六坑为骑兵俑，后两列四坑为步兵俑、人俑、文官武士和舞乐杂役等。陶俑形体尺寸比秦皇陵兵马俑小。而步、骑按兵种列队布阵，兵俑披甲挟弓执武器，马俑昂首翘尾。秦俑以车兵为主，而这批汉俑以骑兵为骨干，说明西汉时期骑兵已取代车兵，在战场上成为重要的兵种。陶俑造型生动，姿态各异，色泽鲜艳，制作精细，气势威武雄壮，是西汉军队的真实写照。兵马俑群以数量取胜，但在形态表情的多样性方面有不足。

1984年徐州发现西汉狮子山楚王陵彩绘兵马俑，其中出土彩绘陶俑2300余件，皆为灰陶，质地细腻。这批陶俑全部为模制焙烧而成。有的合模制造，也有分模制作的。有步兵俑、骑兵俑、警卫俑及指挥车，是一支品种齐全、组编完整、步骑兼备的作战部队的模拟品，反映出当时诸侯王国军队组编情况。这一发掘对研究秦汉时代的军事制度，特别是研究汉代地方诸侯国军队的构成、装备、编制等，提

东汉 灰陶说唱俑

供了一个生动形象的重要实物资料。

1969年，山东济南市郊无影山西汉墓出土一件长67厘米、宽47.5厘米的陶盘，盘上彩绘陶塑乐舞、杂技、宴饮共二十一人，七个杂技陶俑作登场表演杂技状，姿态生动。其中两人为女子，穿长袖花衣，相向起舞；两人倒立，两手着地，上身挺直，下肢前曲，头部前伸，作"拿大顶"姿态，造型矫健稳重而有力；一人腾身而起正在翻筋斗；另一作难度很大的柔术表演，双足由身后上屈放于头侧。表演者左前方一人，穿朱色长衣，可以转动，似为指挥。右乐队七人伴奏，使用的乐器有钟、建鼓、小鼓、瑟、笙等。两女子长跪吹笙，其余都是男性。陶盘左右两端共

🔥 西汉 杨家湾出土的彩绘陶骑马俑

有七人，长衣曳地，拱手而立，作观赏状。一侧三人戴冕形冠，另侧四人头戴环形帽。杂技表演在汉代甚盛行，文献多存记述。但成组杂技陶俑的发现，较罕见。

以表演艺术为中心的贵族宴乐图。这种反映中层地主追求享乐生活的陶俑群，在西汉后期墓中常出土。

东汉陶俑多为乐舞百戏俑，乐舞百戏俑形体较小，姿态传神，舞姿优美，是古代雕塑艺术精品。

汉代武装部曲俑，出土于东汉末年墓中，武装部曲是大地主的私人军队，武装部曲的形象，有的是在绿釉陶楼上下，手持强弩，控弦欲射。反映了东汉末期社会动荡，大地主组织自卫的情景。

四川东汉墓中有持铲执箕俑、水田劳动俑（在水田模型中穿短衣或亦膊、赤足劳作的陶俑）、击鼓俑、抚琴俑、舞蹈俑、吹奏俑、背娃俑、坐俑等，都朴实纯

🔥 东汉 人首鸡身俑

真、生动感人。还有一些赤膊大腹的击鼓
说唱俑，纯朴自然，形象极为生动，尺寸
较大的陶俑还头戴奇异头饰、耳饰、面部
五官的刻画精细，显露微笑的神情。

汉代陶俑形象特点是取材广泛，形
象生活化、多元化，从表现墓主生前的实
际生活出发，既有权贵豪门与各种文官、
武士的典型代表形象的塑造，又有诸多中
下层平民、奴婢、佣人，以及乐舞、百戏
人物的典型代表，还有异国胡族的典型代
表。

如此众多的不同类型陶塑，先是模
制，后用修整出不同个性的陶塑，手法简
练，却有惟妙惟肖之效果，呈现出汉代艺

🌸 东汉 说唱陶俑

🌸 东汉 笼袖跪坐俑

🌸 东汉 击鼓说唱陶俑

术雄浑厚实、单纯朴雅的艺术特色。

(3) 魏晋南朝陶俑

三国时期，厚葬之风受到官方的压制而收敛，陪葬陶俑数量萎缩，考古发现不多。

至西晋时，陪葬陶俑之风再度流行，但陶俑仅在关中地区大墓之中发现，长江流域多为青瓷俑。在洛阳西晋墓中的陶俑已形成较为固定的组合，出现了包括牛车模型、鞍马，以及有牵马俑、武士俑、侍从俑和镇墓兽在内的陶俑群，在侍仆俑中有高鼻深目的胡人俑。此外，还有陶制的炊具、家畜、家禽等。

南朝陶俑出土较少。原因是南朝流行青瓷俑、石俑和青瓷堆塑罐等明器。一般只有男、女待仆俑各一个。有的还出土牛车、鞍马模型和牛形镇墓兽。较大的墓葬中才有文吏俑和没有穿铠甲的武士俑。但很少发现像北朝墓中那样数量众多的陪葬俑群。

东晋、南朝的陶俑，形象古拙浑朴，仍较多地带有汉俑的传统。但南朝有特色的陶俑也不少，如南京象山 7 号东晋墓出土一组墓主"出行"的系列陶俑，以陶牛车模型为中心，牛车模型上放着陶凭几，牛车前后还有几位持笏的文吏俑和女仆俑，在牛车前还跪有一个奴仆俑，摊开双手似在向墓主禀报的样子。整组俑群是在表现墓主人生前坐牛车出门的情景。

又如，南京西善桥南朝大墓出土一件高髻女陶俑，高 37.5 厘米，幼稚生动的神情以及简洁的整体造型，展示了很高工艺水平。武昌吴家湾南朝墓出土一批陶俑，除男女侍立俑外，还有胡俑以及镇墓兽等，造型姿势较为平静，面相也较为写实，也有相当高的艺术造诣。

(4) 十六国北朝陶俑

十六国时期陪葬俑发现并不多，这与当时中原地区陶瓷业尚未恢复有关。但陪葬俑中出现了人、马均披铠甲的"甲骑具装俑"。这是当时令北方少数民族游牧部落联盟政权引以为荣的战斗力极强的重甲骑兵的真实写照。

北魏陪葬陶俑发现最多，每一个墓

🌸 陶持钺女俑

🌸 北朝　陶加彩骑马游牧俑

🌸 北魏　加彩骑马乐人俑.

🌸 北魏　绿釉加彩骑兵俑

中都少则数十件，多则数百件。如：在河南洛阳北魏元邵墓出土陶俑100多件，在山西太原北魏司马金龙墓出土陶俑367件，在河北磁县东陈村东魏尧氏赵郡君墓出土陶俑130多件，在河北磁县高润墓出土陶俑381件。另外，在山西、河南、河北发现的其他北朝墓，如山西祁县白圭北朝韩裔墓、河北平山北齐崔昂墓、河南安阳北齐范粹墓均有数量众多的陶俑出土。

北朝陶俑采用"模制"，适宜高产量制作，在反映社会生活的深广、表现题材的广泛多样、创造形象的丰富多姿以及刻画典型的真切生动以及装饰美化风采等方面，较汉代都有了长足的发展，是魏晋南北朝时期最有特色的陪葬俑。北朝陶俑已形成固定的组合，一般分为三组。

第一组为"镇墓俑"，由两件蹲坐

镇墓兽和两件身体强壮的武士俑组成。镇墓兽一为人面，一为兽面。镇墓兽一般为蹲坐状，背部有鬃毛，有人面和兽面之分，一般每墓各一尊。兽面兽身的镇墓兽，双耳呈扇形，面目狰狞，前腿竖立，后腿蹲坐，具当关把守之势。大耳听八方，双翼飞翔天际，以其驾驭天地的能力来守护墓主的灵魂。人面兽身的镇墓兽，头生扇形大象耳，怒目相视，牛蹄状足蹲坐在台座上。神态威猛的三彩镇墓兽，具有咄咄逼人的气势，是具驱邪功能的陪葬品。武士俑身穿铠甲，持剑按盾，面貌威严，具有浓厚的神话色彩，也呈现了北方民族能征善战的形象。

第二组为"出行仪仗俑"，由数量、种类众多的陶俑组成。表现了墓主人生前出门时前呼后拥的场面。例如，北魏元邵墓的出行仪仗俑是这样配置的：以牛车和鞍马为中心配置，前有骑兵俑、鼓吹俑开路，两旁有文吏俑、武士俑相随，后面有驮物骆驼俑和毛驴俑、听从使唤的奴仆俑、载歌载舞的伎乐俑，场面浩

❀ 北朝　武士俑

❀ 唐　陶女舞俑

大。

代表军人及官吏形象的仪仗俑群数量最多，有立俑和骑俑两种。常见有文吏俑、步卒俑、甲骑具装俑等。俑人的形象由类型化向个性化发展。武士俑最多，其中"甲骑具装俑"是持盾执矛、双手握剑、背上负剑或乘马穿戴铠甲等勇猛威武的武士俑。

乐舞俑群：陶俑手中持有各类乐器，为不可缺少的阵容，其造型各异，表示正在演奏不同的乐器。南北朝时候盛行鼓吹乐，是以打击乐器和吹奏乐器为主的演奏形式，可以应不同场 合和乐器形成不同组合。

第三组为"家内侍仆"，由各种男女奴仆俑、伎乐俑、歌舞俑及各种表现环境的模型器、家具、家禽等组成，从侧面反映了墓主人居家时的种种生活场景。

侍仆俑：有多种男女侍从俑、成群结队的男女伎乐俑，操持各种劳动工具的男女奴婢俑以及牵马、拉牛、系骆驼、驾牛车俑，还有眼高鼻深眼卷发的少数民族或异国形象的胡俑。反映墓主的家居生活，如农事、炮厨，也反映这 时期地区经济的发展。

家畜陶俑：有牛、马、骆驼、犀牛、猪、鸭、羊、狗等，都很真实生动。

北朝陶俑造型呆板，呈静态形式，在模制出的陶胎上通体彩绘，并附饰有兵器、乐器等，表现了制作工艺的复杂。新出现骆驼俑，是跋涉于丝绸之路上的商队

🔥 唐 彩绘陶乐舞俑

写照。镇墓兽、铠甲武士和披铠战马俑，是这一时期特有的墓葬明器。

(5) 隋唐以后陶俑

隋唐时期出现了三彩俑，无釉陶俑便逐渐减少。但仍有精彩的作品。北宋以后，民间流行焚烧纸人祭奠，彩绘陶俑、三彩俑、木俑陪葬的习俗渐趋衰落。但元明时期的一些王公官员墓，仍用大批陶俑、木俑作为仪仗陪葬。

3．鉴定

目前，陶俑随着收藏者的增多，制假者已将目光转向陶俑，他们主要是利用真的陶俑翻制模具，用古人曾用之原

🔥 隋　灰陶彩绘侍婢俑．

🔥 唐　彩绘驯马俑

🏵 南唐 舞乐俑

土制成陶俑，埋于地下，使其生有土锈，或用白芨（中药）熬成稀水，刷在假俑上，再撒上原土，如此数十次，与真陶俑难以分辨。鉴别真伪，主要通过观察土锈，古代陶俑必有土锈，且与原物凝结一体，难以刮掉，而作伪陶俑则轻易可去除。

（三）存世量分析

目前，据不完全统计，近几年发生在中国各地的盗挖古墓案有 10 万余起，被毁古墓 30 余万座。即便是一些体积庞大的地上文物也未能幸免，其中包括著名的龙门石窟唐代立佛、甘肃 11 层高的宋代石塔。但各时期墓葬中出土陶俑较多，这是因为陶俑可以起到镇墓的作用，加上古代盗墓者大多不会将陶俑之类带出墓葬，所以大多数陶俑都保存下来，全国各大文物市场在私下都有交易。

（四）影响收藏价值的因素

陶俑，收藏价值主要体现在墓出的器物可以保真，而且陶俑大都是反映了墓主人生活时代的社会情况，如陶俑的纹饰、雕刻的衣服样式、发髻样式，甚至体态特征，都反映了当时的社会风貌。

陶俑由于文物法规的限制和自身保存的难度，让多数的收藏者望而生畏，不敢轻易下手，但只要仔细了解陶俑的保护储存方法，会使收藏者们的收藏热情大大提升。

（五）目前国内外市场行情

目前，国内外市场陶俑整体价格较低，除唐三彩陶俑外，其他陶俑都鲜能达到高价，尤其是汉代和汉代以前的陶俑，以单件和小组件为主，国内价格一般在几百元至万元之间，十分稳定。

战汉陶俑在国际市场拍卖价格却很高。如一件 100 厘米左右的汉代陶马，

🌸 绿釉生肖俑狗

在国际市场拍卖成交价格高达百万元以上，一件40厘米左右的说唱俑，也可以数百万元成交。

（六）投资增值依据

陶俑是事死如事生观念的产物，为使死者能在冥间继续如生前一样生活，因而陶俑都是墓主生前的随从、仆人、卫兵、仪仗、乐舞伎等，很少见或不见墓主人的形象。正是这个原因，俑的形象写实，真实地记载了古代社会的各种信息，对于研究古代的舆服制度、军阵排布、生活方式乃至中西文化交流皆有重要的意义，也弥补了同时期地面雕塑在种类及完整性上的重大缺憾，成为了解中国古代雕塑艺术史不可缺少的珍贵实物资料。世界上最著名的陶俑是秦始皇兵马俑，被誉为"世界第八大奇迹"。

有文化价值的艺术，是最好的艺术收藏品，如表情丰富、栩栩如生的汉代陶俑。还有一些富有地方特色的陶俑（如四川等地），价格较低，可供初级投资者考虑。

四、宋三彩

（一）释名与沿革

1．释名

宋三彩是唐三彩的继续，制作工艺相同，但釉色种类有异，器型用途不同。

考古在河南、河北、山西等地宋、辽、金墓中出土三彩枕、三彩炉等日常生活用具，也有少量建筑模型、建筑构件和小型工艺品，虽然其中有辽、金生产的三彩陶，过去出于正统观念，把这些三彩陶器统称作宋三彩。

🌸 北宋 三彩舍利匣

现代考古在四川、陕南和湖南等地的宋代墓中出土一批三彩陶俑。这是宋三彩，而产品形制仍是唐三彩俑的孑遗，由此可知，宋三彩的产地大致可分南、北两大区域。

鉴于以上情况，有人对宋三彩做了更为细化的分类，有北宋三彩、辽三彩、金三彩三种。海内外古陶瓷研究人员已经开始注意这个问题，但所下气力还很不够，还有很多问题有待进一步研究和解决，这类三彩陶器在一般情况下仍叫宋三彩。

2．沿革

宋三彩属于低温铅釉陶，是唐三彩工艺的延续和发展。

低温铅釉陶始见于公元前4世纪的战国中期，有流传到国外的春秋战国铅釉陶器为证，但数量不多。汉代是低温铅釉陶大发展的时期，西汉初期铅釉陶只有绿、褐黄等单色釉陶，到干莽时期出现了同时施黄、绿、酱红、褐色的复色釉陶。东汉是低温铅釉陶明器最发达的时期，有壶、樽、罐、洗、博山炉、瓶等明器，还有建筑模型和俑人、猴、鸭、狗、鸡之类的陶塑等。魏晋南北朝时期，低温铅釉工艺仍主要用于制作明器。唐代生产的低温铅釉陶明器，就是唐三彩。

🏵 北宋　三彩听琴图枕

辽代仿唐三彩工艺烧制三彩陶，釉色有黄、绿、白等几种，装饰手法以印花为主，也有少数是划花。装饰题材多为花卉，以牡丹花为最多。器型有海棠花式长盘、鸡冠壶、长颈瓶等。辽代还烧制单色釉陶，釉色有绿、黄、白几种。器型有鸡冠壶、凤首瓶、盘、碟等，装饰手法有印花、塑贴等。装饰题材以花卉为多。

金统治下的宋代北方地区烧制的低温铅釉陶，就是宋三彩，釉色有黄、绿、白、艳红、乌黑以及新创釉色翡翠釉，器型以枕、灯盒等实用器为主，采用刻划方法进行装饰。

元代法华釉陶和明中叶江西景德镇的法华器、素三彩瓷，都与低温铅釉工艺有关。

（二）工艺特点、品类与鉴定

1. 工艺特点

宋三彩是铅釉陶，制作工艺与唐三彩一样都是在烧成的素陶胎上，按纹饰需要填入彩色釉，再在800℃左右的炉中

🏵 宋　三彩印盒

辽　三彩水波纹绫花长盘

二次烧成。

宋三彩的釉色丰富，除黄、绿、白、褐四种主色外，尚有艳红、乌黑、酱色，并新创一种翡翠釉，色泽青翠明艳，但没有唐三彩中的蓝釉。与唐三彩相比较，宋三彩画面生动，填色规整，形成了斑驳灿烂的多彩釉。

因宋代窑址考古发现三彩器往往和瓷器同出，故知专门烧制宋三彩的窑址尚不多见。从目前发表的材料看，南方仅在四川境内发现，北方在河南、河北和山西等地区均有发现。

邛窑位于四川邛崃县境，是四川省古窑址中分布面积最广、烧制时间最长的一处民窑。它创烧于南朝，衰于南宋，唐代时以烧制"邛崃三彩"而著称。但它在宋代是否继续烧制三彩，尚不能确定。

成都的琉璃厂窑址烧制宋三彩是肯定的。琉璃厂窑创烧于晚唐，明代成为官窑，专烧琉璃器。该窑烧制的宋三彩以绿色为主，间施黄、褐二色，或以单色成器，三彩釉器有盘、盆、壶、碗等生活器皿，也有各类陶俑和小型玩具。因该窑产品与成都附近宋墓出土的三彩釉器风格完全相同，因此可以肯定四川宋墓中随葬的三彩明器，大部分是琉璃

宋　三彩贴花豆

厂窑生产的。

位于河北胜县观台的磁州窑遗址，是北方地区磁州窑系的一处中心窑场，生产白瓷和黑瓷，创烧于五代末年，宋末金初迅速发展，盛于金代中后期，停烧于元末或明初。自北宋中期至金代末年，这里也生产三彩器，除枕、炉、瓶、碗、盘、盏托等生活用具外，还发现一些瓦件、脊饰等建筑用瓷。该窑三彩器一般以绿釉为主，以黄釉作为点缀和装饰，也有黄、绿单彩器。装饰技法有划花、别花和模印等多种。

定窑是宋代五大名窑之一。除烧制白瓷外，也烧造少量三彩器。

在北宋都城开封的周边地区发现宋代瓷窑遗址达百余处，其中烧制宋三彩的窑址有宝丰清凉寺、鲁山段店、禹州扒村、新密西关、登封曲河、新安城安、汝州严和店、济源勋掌、巩义稍柴和修武当阳峪等十余处。

🔸 宋　三彩七星盘

2. 品类

(1) 宋三彩

宋三彩以盒、灯和枕等实用生活器具为主，也见有宝塔形的供器，纹饰有浓郁的民间生活气息。

宋三彩人物俑有文吏、武士、牵驼、男侍、女侍和生肖俑等，动物俑中的马、驼和镇墓兽明显减少，却增加了青龙、神兽、鸟首人身、人首蛇身、捧日俑、捧月俑，还有陶鼓、龟座墓券等新品种。

宋三彩人物俑的造型比唐代更生动逼真，身材比例适中，面部清瘦，表情严肃，增加了写实风格和艺术效果。武士俑头戴头盔，身着铠甲，拱手直立，甲片边缘施绿釉，中间施黄釉，其他部位施淡黄釉，与唐三彩武士俑脚踏恶鬼、杀气毕露的形象相比，更接近于现实生活中的戍边武将形象。男侍俑头戴方顶软帽，上穿圆领右衽长衫，腰间系褶裙，下身着长裤，头部涂白釉，上衣施淡绿釉，褶裙施黄釉，一副为主人辛勤忙碌和顺从听话的样子。

北宋三彩枕，是宋三彩中数量最多的一个品种，艺术成就很高。广州西汉南越王墓博物馆收藏的 200 件历代陶瓷枕，是由香港实业家杨永德夫妇捐献的，其中有 57 件是宋三彩枕，基本代表了宋三彩枕的类型，枕面形状有长方形、六角形、八角形、元宝形、扇面形、如意形、荷叶形、椭圆形和腰圆形等，在整体造型上又

🏵 宋 三彩圆盒

有狮子枕、虎形枕、人物枕等之别。

宋三彩人物造型枕往往是一幼童或一成年人屈腿静卧，身体上支起枕面，构思巧妙，富有生活情趣。枕面上剔印或刻划牡丹、莲花、婴戏、鸭游和人物故事等纹饰，填以三彩。北宋早期"三彩孩儿荷叶枕"，以一孩儿仰卧莲座上，用双手撑托一片荷叶作为枕面，荷叶之脉茎连接孩身，与孩儿双手形成三个支撑柱，枕面稳重，瓷胎在高温 1100℃ 以上烧成，瓷化程度高，胎中夹杂砂粒，泛黄，以指轻弹，铿锵作响，颇为坚硬。此器独特之处，在于集塑、刻剔、揉、

宋 三彩玄武

压工艺于一体，古朴温雅，有晚唐五代遗风。在做工上，全器由四部分组成：莲瓣座以上下压出泥板作为面底，以泥条板将面底上下连接成座，底板周边向内按出凹凸边足，条板上以刀尖刻出双线莲纹后剔地成瓣。孩儿像是以泥块揉压成头部及四肢身体，上刻出五官、手指、衣纹及套鞋，其工序先分别塑压成头、双臂及上身、下身及双腿、双手及双足后，再接合为一。再有，荷叶脉茎是在泥块上刻出脉纹而后再接在孩儿腰腹上。荷叶面则是以泥块切出叶形，于面刻出脉纹而成，其中间厚，延向周边而渐薄，并以中间较厚处接上孩儿双手及脉茎成力点支撑。在彩料选用方面，全器上共有四色，莲瓣座、头发、四肢及身为褐彩，五官及头面为黄彩，脉茎及叶底为泛紫之蓝彩，叶面为绿彩，足及座底不施彩，如此施彩，完全符合实际状况。由于整

器做工合理，除实用外，可观性相当高，稳重可爱，令人久看不厌。北宋"孩儿荷叶"枕之创作，虽承自唐代之孩儿枕，但其荷叶面增加，大大提高了实用舒适性，增加了艺术美观，并影响到日后定窑所产孩儿荷叶枕在造型上的发展。

人物故事枕有"听琴图""萧何追韩信"和"莲生贵子"等内容。"听琴图"枕近似长方形，枕面中部刻一由弧线条构成的菱形画面，在菱形内刻划听琴图，菱形外四角各绘一婴戏图，空白处则填以忍冬纹。听琴图以庭园作背景，前面坐两长者，一人抚琴弹奏，另一人作拊掌谛听状，两长者身后有两童子侍立应候。枕面以绿釉为主，辅以黄釉和褐红釉，釉色富丽清新，花纹线条流畅。"萧何追韩信"枕略呈方形，前低后高，中腰微凹，枕面中央刻划山水人物，左、右两边配以牡丹花卉图案。画面上两男

子骑马相追，以山石、泉水、垂柳、云朵作陪衬，并施以黄、绿、白三色釉，题材新颖，美观大方。"莲生贵子"枕有的是在枕面刻一童子，手执一把莲；有的则是在枕面刻一卧童，卧童前后各有一束莲花，空白处点缀莲叶，寓"莲生贵子"之意。该种枕表面分别施有黄、绿、白、黑诸色，周边遍涂绿色彩釉，使画面更加清新。宋代匠师在小小的一方枕面上，设计出不同风格的人物形象和枝繁叶茂的花卉图案，再配以三彩的艳丽色调，产生出精巧绝妙的艺术效果，给人一种美的享受。

　　宋三彩生活用具除枕外，还有瓶、罐、碗、炉、盘等多种。

　　《宋代民间陶瓷纹样》一书收集宋三彩十余件，皆是在白釉上施以红、绿彩，纹饰以花卉为常见，也有少量花鸟纹。瓶、罐是将花卉装饰于外腹部，上、下加以边框；盘、碗类器物往往将花卉刻划在内底上，图案外再加数周边线。花卉的线条流畅自然，再在白地上配以红花绿叶，对比鲜明，风格朴实，反映出北方地区磁州窑系的高超艺术水准。

（2）辽三彩

　　辽三彩也是仿唐三彩工艺，釉色有黄、绿、白等几种，装饰手法以印花为主，也有划花。题材多为花卉，以牡丹花为最多。器物形以海棠花式长盘、鸡冠壶、长颈瓶等小件为主，多黄砂胎，质松，

🏵 辽　三彩刻画花盘

🏵 辽　三彩刻花玉壶春瓶

釉面不匀，有砂粒。其刻划花纹填以颜色者，则与北宋时北方民窑所谓"宋加彩"相似。辽代还烧制单色釉陶，以单色的黄釉、绿釉和白釉器皿居多。器形有鸡冠壶、凤首瓶、盘、碟等。装饰手法有印花、塑贴等。装饰题材以花卉为多，是唐三彩的传统手法。

(3) 金三彩

常见金三彩有两种，一种是由黄、绿、白或黄、绿、酱等色釉组成的低温彩釉陶器；另一种是带刻花加点彩，如点红彩、点黑彩的低温彩釉瓷器。这些北京故宫都有收藏，但未见有带纪年款或有纪年墓葬出土的实物。这些彩釉器一向被称为宋三彩，然而多年来随着考古发掘资料的发表，人们逐渐对这些器物有了较为确切的认识，它们均为金代产品，应称金三彩。

金三彩以枕、灯盒等实用器为主，在陶胎上施一层较厚的化妆土，刻划装饰（以划花为主，刻、剔为次），纹饰题材也很丰富，花卉、人物、荷莲、水草、鱼、鸳鸯、兔、盆景，还有刻诗词等，线条粗壮匀称，流畅自如。素烧之后再上低温釉，釉色有黄、

金　三彩划花牡丹纹枕

金　三彩剔地划花婴戏纹枕

绿、白、艳红、乌黑以及新创釉色翡翠釉，釉色厚而鲜艳，纯正润泽，填色规整。金三彩器多数以绿色釉为基调，有的以绿釉为地，有的突出绿釉边框或通体绿釉等，器表往往出现不同色釉熔融在一起的现象。多数刻花填彩釉器，纹饰清晰没有熔融现象。金三彩除于观台窑大量烧制外，河南登封曲河、鲁山段店、禹县扒村、宝丰青龙寺等许多北方瓷窑都有制作。

元初三彩叶纹枕虽然也是三彩的延续，但其质量明显下降，已渐趋衰落。至明、清时期，三彩逐渐转向建筑材料方面去了。

❀ 宋 三彩印花方盘

3．鉴定

(1) 宋三彩与唐三彩的异同

宋三彩与唐三彩都是三彩陶器，年代相近，不熟悉的人往往不易分辨。因此这里着重讲宋三彩与唐三彩的不同点。

宋三彩是承袭了唐三彩的制作工艺而发展起来的，与唐三彩有诸多相似之处：如制坯皆用高岭土，都是两次入窑焙烧，釉色较多，并不只局限于黄、绿、白色等。尽管如此，它们之间的区别还是明

❀ 宋 三彩刻花枕

宋　三彩印花方盘

显的，经初步对比，大致有六点差异：

第一，宋三彩的胎料呈白和灰色，有少量呈灰黄或红褐色。由于选料严格，加工细致，第一次入窑"素烧"时温度较高，胎质已经瓷化，因此宋三彩的质地较唐三彩坚硬，吸水率也低些。有些宋三彩的瓷土稍差，胎质泛灰，宋代匠师便在胎表施一层白色的"化妆土"，弥补了瓷胎不白的缺陷，增加了釉面的光洁度。中国科学院上海硅酸盐研究所也做过化学分析，发现宋三彩胎质中钙、镁、钾、钠的含量普遍高于唐三彩，尤其是钙、镁的差异较大。钙、镁、钾、钠是助熔剂，它们的含量高，可以使胎料熔点下降，取得节火、省燃料、胎质坚硬的效果。

第二，宋三彩注意釉色搭配，重视彩釉的自然交融和浓淡变化，绝少使用唐代的单彩散点装饰等。宋三彩的釉色的深浅浓淡与花纹本色协调一致，有仿真感。因此，宋三彩的釉色呈现出一种浑厚凝重、沉静素雅的艺术风格，不像唐三彩那样斑斓绚丽、鲜艳夺目。

第三，唐三彩以艳丽的釉色取胜，宋三彩以图案装饰见长。宋三彩器上多见用线条刻划或彩笔描绘的花卉、人物或动物纹，有的还采用模印贴花和浮雕技法。常见图案有莲花、牡丹、游鱼和戏水的鸭子等，还有婴戏图、听琴图以及历史故事画。这在唐三彩中是绝少见到的。

第四，器物种类不同。唐三彩多为人物俑和动物俑，都是随葬明器。北宋三彩以枕、瓶、炉、盘、碗、盆、罐等器皿为主，是日常生活用具。考古发现，中原唐墓中都用三彩俑随葬，中原宋墓中已无三彩俑，仅用三彩枕随葬，出土时往往位于墓主人头下，也应是现实生活中的寝具，而非专用以随葬的明器。

第五，宋三彩的一些器物上刻划或墨书铭文，这是唐三彩器上不曾见到的。宋三彩上的铭文不仅有纪年铭、所属铭、北曲小令和古诗佳句，还有商业铭如"张家造""赵家造"铭款等。这些铭文对于我们判断烧造窑口和年代提供了帮助。

第六，宋代商品经济发达，宋三彩是进入市场上销售的商品，唐三彩还不能明显反映出这一点。

(2) 辽三彩与宋三彩的异同

由于辽、宋三彩在年代上相近，具有更多的共同性。一是胎质普遍瓷化，吸水率较唐三彩低；二是器物种类较少，均以日常生活用具为主；三是注重器表装饰，装饰题材富有民间生活气息；四是按照花纹轮廓施釉，彩釉往往局限于花纹范围内。

辽三彩与宋三彩的差异性主要表现在以下三个方面：

其一，产品种类迥异。宋三彩以枕、瓶、灯、炉为主，盘、碟、罐类器皿较少。其中枕类数量和造型最多，也最能代表宋三彩的艺术成就，从枕面形制上可分为长方形、三角形、八角形、元宝形、扇面形、如意形、荷叶形、椭圆形等，在枕的整体造型上，又有卧狮枕、人物枕、腰圆枕等。宋三彩的人物造型枕往往是一幼童或成年人屈腿静卧，在身体

辽　三彩鱼形壶

上支起枕面，构思巧妙，富有生活气息。而辽三彩是以盘、碟、壶、水注为主，在造型上具有契丹民族特色。其中，盘、碟器物多仿金属器造型，宽边外侈，花式口沿，没有圈足。注壶类造型多样且颇具创造性，有摩羯壶、鸳鸯壶、猫形壶、龟形壶、兔形壶等，形象逼真，造型优美，堪比工艺品。

其二，彩釉风格不同。宋三彩以绿、黄、褐三色为主调，白色较少，釉色较为暗淡，呈现出一种凝重深沉、淡静素雅的艺术风格。辽三彩是以黄、绿、白三色为主，较多地使用白色，釉色光泽性强，给人一种娇艳华丽、光洁明亮的美感。

其三，装饰技法有别。宋三彩以刻

🏵 辽　三彩花口盘

划花样见长，刻划严谨，施釉工整。装饰题材丰富多样，常见花卉、人物、动物和铭文等图案。辽三彩以印花装饰为主，构图讲究均衡对称。纹饰题材多为牡丹、芍药、莲花、菊花等各种花草，有的衬以蜜蜂蝴蝶，有的配有水波游鱼，犹如自然美景再现，极富生活情趣。

（三）存世量分析

古代宋三彩、辽三彩、金三彩的生产数量不多，加之国人重瓷不重陶的思维定式，过去民间即使有发现，也没有引起足够重视和保护。近几十年来，人们才重视这类三彩陶，有几万件在流通交易。

（四）影响收藏价值的因素

🏵 金　三彩牡丹纹四耳壶

目前宋三彩陶器进入古玩市场的数

🏺 辽 三彩印花海棠形高足盘

量不如唐三彩多，价格也比较低。原因是宋三彩与唐三彩十分相像，而且唐三彩的名气太大了，许多人将宋三彩也误认为是唐三彩，因此宋三彩的知名度远在唐三彩之下，加之宋三彩陶中有些做工较粗糙，所以除个别精品（如北宋孩儿枕）外，一般的价格都不高。

其实唐三彩被现代人发现的历史也不过百余年，过去因史书上缺载而不为现代人所知。由于唐三彩确实很美，品种又很多，加之宣传得当，在现代人的心目中有很高的知名度。宋三彩陶器的情况与唐三彩相似，而且在有些工艺方面还更有特点，因此只要宣传得当，使大家了解宋三彩的文物价值和艺术价值，宋三彩就会得到广大收藏者的认可。

（五）目前国内外市场行情

宋三彩、辽三彩都是古陶器中的佼佼者，国外收藏者喜欢收藏，在国际市场的拍卖价格至少是国内市场的5倍至10倍。

（六）投资增值依据

在赝品云集的古玩市场收藏一件有价值的陶器并不容易。有意投资者可以考虑收藏宋三彩陶器。因为目前宋三彩陶器的价格比较低，还有很大的升值空间。宋三彩经历了千年岁月，能保存下来已经是奇迹了，而且古陶收藏特别重视年代，特别重视那些能代表某个历史时期、某个地域的经典陶器。

五、陶瓷灯具

（一）释名与沿革

1. 释名

陶瓷灯具，即陶瓷质的燃油灯具。古代照明是通过燃烧植物油或动物油产生火焰光源，直到近代都是如此。灯具作为照明用具，只要有盛燃料的盘形物，加上油和灯芯就能实现照明。早期的灯，类似陶制的盛食器"豆"。"瓦豆谓之登（镫）"上盘下座，中间以柱相连，虽然形制比较简单，却成为中国油灯具的基本造型。

油灯的亮度与灯具的材质无关。在青铜灯之后，造价低廉且实用的陶瓷灯具进入人们的生活。

古代陶瓷灯具生产时间长，窑口众多，造型和釉色多样，是很有特色的收藏品类。

2. 沿革

油灯具源于火的发现和人类照明的需要。史书记载，灯具出现于传说中的黄帝时期。《周礼》记载，西周设有专司取火或照明的官员。至迟在春秋时期就已经有专用灯具出现。

中国灯具，就所用燃料而言，分膏

🔥 汉 越窑青釉灯

灯和烛灯，即后世所言的油灯和烛台；就功用而言，分实用灯（照明用）和礼仪灯（宗教仪式用）；就形制而言，分座灯（台灯、壁灯和台壁两用灯）、行灯和座、行两用灯。

中国油灯具的发展，与中国工艺技术和社会科技水平息息相关，反映了科技的进步和审美的时尚。为了消烟除尘，汉代青铜灯加装了导烟管；为了节省燃料，宋代发明了夹瓷盏（省油灯）；为了防止老鼠偷吃油，元代设计了内藏式灯；为了方便实用，明清时利用力学原理制造了台壁两用灯。

汉　越窑瓷灯

汉　越窑花瓣型灯

陶灯具和青铜灯具是最早出现的灯具。

东汉以后，青瓷灯具因造价低廉，易于普及，开始为民间广为使用。青瓷灯具开始取代了此前的青铜灯具。迄今发现年代最早的并有纪年铭文的瓷灯，是南京清凉山出土的三国时期"甘露元年"青瓷熊形灯。

两晋、南朝至隋代使用的青瓷灯，多是下设一圆盘或方盘，圆盘中立一灯柱，上座灯盏，灯盏或与柱分制合成。

隋末唐初出现白瓷灯，河南陕县刘家渠出土的"白釉莲瓣座瓷"灯台，是唐代瓷灯的精品。唐代出现三彩狮子莲花灯，造型和釉色很特色。

宋代瓷灯的形制、釉色更加精致。

明代瓷灯在盆式座上立一带盖小壶以待盏，灯芯由壶嘴插入，别具一格。明清之际，青花、粉彩等瓷艺装饰，增添了瓷灯具的时代风尚。

（二）工艺特点、品类与鉴定

1. 工艺特点

油灯是我国出现时代最早和使用时间最长的灯具。油灯的燃料，在汉唐时期前后，主要有三种：凝固点较低的动物油脂、植物油和熔化后呈油膏状的蜡。

油灯燃料是液态或半液态海绵状，易流淌。这要求盛放燃料的灯盘必须做成有口沿的钵碗形或筒状，所以从出土油灯的形制结构来看，无论是哪朝哪代

的瓷灯具，灯盘始终是油灯必不可少的基本构件，承托灯盘的灯柱和灯座，因不同时代制作油灯的材料、使用方法和审美情趣等原因，或简或繁，或有或无，呈现出不断变化的形式。

2. 品类

（1）汉代陶瓷灯具

前、秦、汉前期，青铜灯具一枝独秀。其后，陶瓷灯具成为人们日常生活用具中不可缺少的照明用具。汉代陶瓷灯具有两类：一类为象生形灯具，有人形灯、兽形灯和植物形灯具等；另一类为像物形灯具，取形于日常生活器皿的样式。

象生形陶灯具以人物、动物或植物等为灯具造型，做工精致，有灯的实用性又有陈设品的艺术品味。人形陶灯具一般是持灯状人形，以跪坐头顶灯盘状为多，也有手托灯盘状，有灰陶、褐陶等。这种人形陶灯具始于战国，流行于两汉，时代特征明显，是这一时期最具代表性的器型之一。

东汉时期，瓷器成熟，瓷灯具逐渐增多。

人形瓷灯具多塑一作蹲踞、跪坐姿

🏮 东汉　灰陶灯

🏮 东汉　彩绘陶百花灯具（明器）

🐾 三国吴 越窑青瓷熊灯

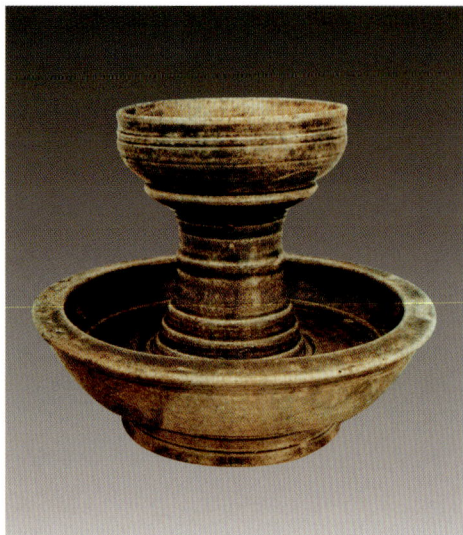

🐾 西晋 青釉灯

势的异族男性，或单手托灯，或双手捧灯，或手按双膝，有的还怀抱八九个幼儿，名"多子灯"。还有"人抱兽灯"，如浙江上虞出土一件人形瓷灯，人为坐姿，双腿弯曲向前，两手怀抱一兽，头顶圆形灯盘，另有几只堆塑的小兽在灯盘至双膝处散步。灯盘周缘刻出图案花纹，人物背面右下刻有"大吉祥"字铭。

汉代以后，人形瓷灯具很少见到，仅仅是在文献和考古中还偶有记载或发现。

（2）魏晋南北朝瓷灯具

魏晋时期，瓷业发展迅速，青瓷灯具逐渐取代了陶制灯具，成为灯具的主流。青瓷灯具大部分出自越窑。

此时瓷灯具的造型与青铜灯具明显不同。瓷灯具一般由灯盏、灯柱和底座

🐾 西晋 青瓷灯盏

西晋　越窑灯台

晋　绿釉瓷灯

西晋　青釉三足灯

东晋　牛形灯

三部分组成。而此时这三部分有较大变化，有的灯盏和底座均为大小近似的碗形，盘中的灯柱为内空通底、上细下粗的管状，高15厘米至30厘米。在此基础上，一些瓷灯具的承盘底部再加三兽蹄足，但灯柱的高度缩短了。有的瓷灯具把承盘加大，灯柱作动物形或覆莲形，上承灯盘。

南北朝时期，青瓷灯具的造型有简化的趋势，有的青瓷灯具，是在一盘形底座中置三蹄状足炉作灯盏；有的青瓷灯具，是在灯盘中心出一小矮圆台，台沿上竖一扁柱，柱上有一两个小圈，高只有5厘米至6厘米；或者只在盘沿设一扁柱，作为把柄，灯盘心内的小圆台，是作将软灯芯架在台上点燃之用。相对而言，南方地区的瓷灯具生产较早，北方地区到北魏时期才有瓷灯具。但北朝瓷灯具发现很少。青瓷灯具装饰简朴，

🏵 西晋 原始青瓷羊烛台

仅以弦纹和褐色点彩为主，莲花纹也较常见。

魏晋南北朝时期青瓷烛台流行，青瓷烛台的形制特点是：都有一支或几支圆管状烛柱，用于插蜡烛，属于中空简管式烛台；有单管烛台和多管烛台。

单管烛台的形制有两种：一种作圆唇敞口平底盘，盘中心有一不高的烛管；另一种是用狮形、熊形代替烛管的。

多管烛台有双管、三管、四管之分，可同时点燃数根蜡烛。

青瓷烛台中有以吉祥兽为器形的，以羊形烛台多见。羊作跪卧状，羊头姿势不同，有的把羊的眼睛塑造得很大，非常显眼；有的把羊角塑造得很突出，加上嘴下一撮胡须，惟妙惟肖，颇有生气。

（3）隋代瓷灯具

隋唐灯具以实用为主，大量生产，兼有照明和装饰双重功能的彩灯也迅速发展，成为民间普遍使用的陶瓷灯具。

隋朝瓷灯具，有青瓷和白瓷两种。北京故宫博物院收藏的青釉弦纹灯盏，是隋代瓷灯的代表作品。灯似塔形，三层盘式，盘托为上小底大，中间一柱形座，有弦纹多道。整个灯盏器型美观大方，并具实用功能。通体施釉均匀，釉色青中泛黄。灯盏最上层是放油处，二、三层承接顶层流下的油，并可同时点燃，增强照明度。这件青釉弦纹灯盏是隋代

高足盘式样的发展，不失为独具匠心的精美之作。隋代张盛墓出土的一件青釉灯，为二层盘式，盘心有圆柱，柱上托一莲花形小盘，盘中心一矮圆台，用以托灯芯。中空简管式烛台是隋唐时期较为常见的流行灯式。

(4) 唐代瓷灯具

灯具的形制除受时代文化的影响，也与人们的生活习惯有关。唐代以前，人们席地而坐，仅有较低矮的桌椅，故灯的灯座都比较高；唐代出现高腿桌椅，人们的起居习惯改变了，灯放在桌案之上，灯座也不必高，于是出现了一些类似碗盏形且没有灯柱的灯具。这种盏的口沿或内壁有灯芯台或撑灯芯的半环形钮支点，也有的盏沿附近有一环形把手。

唐代青瓷灯盏一般作钵形，在钵式灯盏内壁一侧附半环形、环形或麻花形把手。这种瓷灯制作非常简易，广泛应用于普通人家。

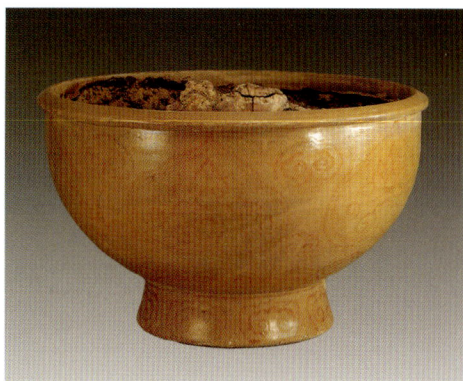
🏮 晚唐　褐彩青瓷油灯

唐代三彩陶灯，釉色以黄、绿、白、褐为主，色彩斑斓绚丽，用于随葬明器，也用作生活用具。北京故宫博物院藏有一件唐三彩加蓝灯台，通体施黄、绿、蓝、白彩，同时突出蓝彩。俗话说"三彩加蓝，价值连城"，可见其珍贵异常。在螺旋形柱上突出两组与白、黄、釉色相间的蓝色釉宽带，釉色交接处色调变化万千，令人赞赏。

(5) 宋代瓷灯具

宋代城市和商业的繁荣，丰富了市民生活，也促进了宋代灯具的发展。宋人绘画中屡见表现家庭居室生活的场景，室内装修和生活方式的改进，促使了灯具的进步。

宋代陶瓷生产进入繁荣时期，有著名的宋代五大名窑以及耀州、磁州、龙泉、景德镇窑等，民间瓷窑遍布全国各地。实用的陶灯灯具，数量剧增。从各地出

🏮 唐　青瓷灯

五、陶瓷灯具

🔥 宋 琉璃厂窑绿釉省油灯

🔥 宋 青釉灯盏

土的宋瓷灯具来看，造型较隋唐更为多样，有直口或敞口，口沿较宽，腹部或直或曲，或深或浅，足部都有较高的圈足，有的呈阶梯喇叭口状。装饰纹样多为花草纹，装饰技法有贴塑、刻花、剔花、绘花、镂空等。釉色由黑釉、酱釉、青釉、白釉、影青釉、绿釉、黄釉等。

宋代流行的新品种是省油灯，也称夹瓷盏。景德镇窑影青瓷中有一种小灯盏，形若浅腹盏，高在 7 厘米左右。可以通气。外壁和圈足上饰有多层花瓣，小巧精细。有的有把手，这是一种节油灯。陆游《老学庵笔记》载："今汉嘉有之，盖夹灯盏也。一端作小窍，注清冷水于

宋 西坝窑花釉窑变灯

金 耀州窑灯盘

其中，每夕一易之。寻常盏为火所灼而燥，故速干，此独不然，其省油几半。"景德镇小灯即是这一类器。省油灯的功能和结构原理，即把灯盏做成夹层，中空，可以注水，以降低灯盏的热度，减少油的过热挥发，达到省油的目的。

(6) 辽代瓷灯具

辽代瓷灯具有契丹民族特色。如辽宁北票水泉辽墓出土的"青釉摩羯灯"，为辽瓷之精品，此系取自印度神话中摩羯鱼造型的省油灯。关于摩羯的神话，据文献记载，在 4 世纪末已传入中国。考古发掘中，出土了一些隋至宋的饰有摩羯纹的实物，其中辽代的实物较为丰富，在陶瓷、绘画、装饰品中皆有发现，可见辽人对摩羯鱼的形象似有特殊的爱好。

(7) 金代瓷灯具

金代占领了北宋的疆土，也承袭了北宋精湛的制瓷工艺。宋金时期瓷灯具以青瓷为主，工艺水平很高，不但釉色可与北宋青瓷媲美，而且器物造型和装饰纹样有所创新，改变了北宋晚期轻、薄、

元 青白瓷狮形烛台

五、陶瓷灯具

55

巧的风格，而以敦厚耐用为特征。如一种民间使用的青瓷狮托灯盏，由盏盘、卧狮和底座三部分组成。卧狮作四肢前屈、回首左视状，腰上驮一灯盏，盏盘为莲瓣形，狮身下有椭圆型底座。瓷卧狮造型生动，别有情趣。

(8) 元代瓷灯具

元代陶瓷灯产量也很多，形制基本沿袭宋代瓷灯具。出土的元代瓷灯盏，尺寸较小，但也有一些尺寸较长的灯具，灯盏、灯座均为圆形盘，盏分上下两层，分别固定在灯柱上。此外，有的瓷灯是高足杯状灯盏与喇叭形底座的结合体。

(9) 明清瓷灯具

明清时期，由于城市、宫苑、园林、

🔸 明　宣德青花壶形灯

住宅建筑对室内装饰十分讲究，在厅堂、卧室、书斋内都有相应的配套家具，照明灯具也得到长足发展和改进。陶瓷灯具仍是实用灯具的主流。

在明代，民俗文化、宗教文化开始影响灯具的造型，例如文殊菩萨灯、童子灯等。有实物可考的是台北故宫藏的明宣德官窑的青花壶形灯，书有"大明宣德年制"六字楷书款。清代至民国，我国大江南北民间都用这种瓷壶形灯具。这件瓷壶形灯具通高7.5厘米，口径2.7厘米，平底无釉，腹部下垂，胎体厚重，灯把呈半圆形，饰两道弦纹，美观易拿。长嘴，可放入灯芯，壶口较小，灯油不易挥发，据说比宋代注水省油灯的节油性能还好。

清代灯具喜用书法、绘画为装饰，瓷灯具的造型也追求吉利，如寿字形烛台、狮猴灯、大狮小狮灯。同时，清代灯具的地域性特征越来越明显。如四川灯具以双盘为主，颜色以藏青色为主，花纹和当地的蜡染花色近似。山西灯以壶形为主，颜色较淡，花纹雅致等等。

（三）存世量分析

瓷（陶）灯作为实用器，各朝各代窑口都有生产，而且一般墓葬里面都有出土，故存世量巨大，其中老窑口的以原始青瓷类瓷灯居多。明清以青花瓷灯居多。

（四）影响收藏价值的因素

影响瓷灯具价格的因素是瓷灯具都是小件实用瓷，各个时期各个窑口都生产，在古玩市场上能轻易遇见，使收藏者认为瓷灯具不珍贵。另外古玩市场也没有对各窑口的瓷灯具细心分类，而收藏者对各老窑口瓷的特点、价值又搞不太清。其实每个瓷灯具的窑口归属和形制特征都值得我们仔细研究。

（五）目前国内外市场行情

目前古玩市场上的瓷灯，除青花瓷灯价格较高外，其他瓷种的灯具价格均较低，远未体现其真实价值。如一个三国时期越窑青瓷灯，价格低到几百元就可以买下。

（六）投资增值依据

瓷灯（老窑口）作为瓷器中一个重要门类，有非常高的收藏价值及收藏意义。瓷灯价格相对较低，收藏者可以通过收藏瓷灯而将各时期瓷器尽数囊括。

另外，收藏者应该注意，瓷灯由于其形状较为复杂，所以极易损坏。在购买藏品时应注意瓷灯的完整性，没有补过的瓷灯具有很高的收藏价值，而修补过的在价值方面便大打折扣。

🔥 明万历　民窑　青花龙纹三足灯台

五、陶瓷灯具

六、瓦当、文字砖

（一）释名与沿革

1. 释名

瓦当是房檐筒瓦的端头，又称"瓦头"，有半圆形和圆形两种，是用以加固建筑边缘的一种陶瓦，因正面有图案和文字，被视为建筑物的装饰。

文字砖就是普遍用于砌墙的陶砖，因砖上有制作者或使用者纪事而留下的文字，故名文字砖，与画像砖有所不同。

因瓦当、文字砖上都有画像纹和文字铭文，故在金石学较为发达的北宋就有人对瓦当、文字砖进行研究与收藏。

南宋及元、明都有人继续研究瓦当，清代乾嘉学派将瓦当研究推向高峰，从清末到民国，在一代又一代瓦当研究爱好者的努力下，瓦当成为有名的收藏品。

对文字砖的研究始于南宋，洪适《隶续》已著录了东汉建初、永初文字砖的砖文。此后对文字砖的收藏和研究有所停顿，从清代中晚期到民国时期，出版了许多专门著录砖文的书籍，如陆心源《千甓亭古砖图录》、邹安《广仓砖录》、吕佺孙《百砖考》、冯登府《浙江砖录》、黄瑞《台州砖录》、孙诒让《温州古甓记》、吴廷康《慕陶轩古砖图录》、罗振玉《高昌砖录》等。

战国 瓦当

近二十年来，收藏瓦当、文字砖的人越来越多，其市场行情一直看涨，是极有升值潜力收藏品。

2．沿革

（1）瓦当

瓦当起源于西周时期（前11世纪—前771年）。约在春秋（前770年—前476年）晚期形成了比较完善的模式，成为一些大型建筑的必用的构件。

瓦当的种类很多，就质料区分，主要有灰陶瓦当、琉璃瓦当和金属瓦当。

灰陶瓦当是从西周到明清瓦当的主要品种。大约唐代才出现琉璃瓦当。琉璃瓦是在陶瓦上施釉烧成的，颜色有青、绿、蓝、黄等多种，用于皇家建筑和等级较高的坛庙。宋元明清时期，只有个别建筑物上使用金属瓦和金属瓦当，有铸铁、黄铜和抹金三个品种。

宜于收藏的瓦当，是有画像纹和文字铭文的瓦当，出现在春秋战国时期。因各诸侯国烧造和使用的瓦当图案种类繁多，各不相同，可收藏的瓦当品种较多。

秦始皇在统一六国的过程中，每灭一国，就在咸阳建一处被灭国的宫殿，因此，在秦都咸阳集中了其他六国的瓦当。由于秦代的建筑物宏大，瓦当的尺寸也加大，瓦当上的纹样丰富多彩，具有很高的历史价值和艺术价值，受到历代金石学家的重视。

汉代瓦当在艺术上更加成熟，瓦当纹饰分图案纹瓦当、图像纹瓦当和文字瓦当三大类。文字瓦当数量很多，不仅因字数不同而有不同的布局、而且因文字本身的内容而丰富多彩，研究价值极高。汉代图像纹瓦当流行动物纹，以西

🌸 战国 瓦当

🌸 汉 兽面纹瓦当

之处。明清两代皇宫采用琉璃瓦，瓦当也是琉璃瓦，瓦当纹以云龙纹为主。这一时期，由于普通民居盛行砖雕，民居灰陶瓦当的装饰作用大减，而且民居灰陶瓦当本身的艺术性也不高了。

（2）文字砖

砖是一种建材，现存年代最早的砖是在西周。砖的出现比瓦要晚得多，其确切的年代还有待考古资料的证实。

汉晚期的四神纹圆瓦当的艺术性最高，是汉代瓦当艺术杰出代表。

魏晋南北朝时期，瓦当的艺术品质开始下降，但因有秦汉瓦当的基础，仍然很有特色。随着佛教传入和普及，莲花纹、兽面纹瓦当渐渐多起来，云纹则简化变形并且渐渐消失。在秦代已出现的莲花纹，因佛教的广泛传播而被赋予了新的含义。纹饰由单瓣莲花变为复瓣莲花，周围饰有连珠纹，成为魏晋隋唐以至于宋代瓦当的主纹。同时，随着社会经济的发展，瓦当不再仅仅用于皇家建筑，开始大量运用于民间。 隋唐以后文字瓦当极为稀少，也渐渐淡出了历史舞台。

辽金时期，兽面纹瓦当再度出现，也是中国古代瓦当艺术最后一次辉煌。

元明清时期，瓦当进入低谷。元代瓦当，是清一色的兽面纹瓦当，无出新

🌸 东汉 文字砖
30 厘米 × 17 厘米 × 7 厘米
释文：大吉羊（祥）

文字砖是砖上有制作者留存的纪事文字，始于战国晚期的关中地区，砖上文字是戳印和刻划而成。

东汉时期，文字砖出现的范围扩大到中原、江南、岭南及西南地区。这些保存在砖上的文字，是当年制砖者留下来的，内容涉及纪名（官署名、地名、人名、物名）、标记（数量、尺寸、方位等）、吉语（吉祥如意、延年益寿、赐福子孙等）、纪年（记载砖的制造年代或相关大事）、纪事（记录社会发生的大事）、墓志（记录墓主的姓名、籍贯、身份、生平事迹，生卒年月等）、地券（类似买地契约的随葬品，有墓主姓名、生卒年月、土地来源、数量、范围、土地价值、契约证明人等）、随笔（有随口吟成的诗句、惯用套语、摘自文章典籍的语句、制作者的议论和一些语义不明的词句），真实地反映了当时的历史事实。也由于中国汉字一直在发展演变，这些砖上文字成为研究古文字演化的重要一环，是与甲骨文、金文、玺印文字、刻石文字同等重要的古文字资料。

（二）工艺特点、品类与鉴定

1. 工艺特点

（1）瓦当的工艺特点

秦代瓦当是先制好当心，再以泥条盘筑法在当心周围筑起圆筒瓦，在瓦当背用手覆泥压抹，使其紧密结合，然后在泥坯未干时，用竹刀或绳子切去一半筒瓦而成。这种工艺较为麻烦，而且很难达到规整。

汉代瓦当采用整个当面一次范成，然后续接已制好的筒瓦，无需切割，瓦当背平整，不留痕迹，边轮也较规整，这是秦、汉瓦当的一个明显区别。

秦、汉瓦当的区别在形制上，秦瓦当多为圆形，其瓦当面径较小，边轮也不太规则，瓦当的背面不够平整有明显的旋切痕迹，瓦当的呈色以青灰色为主。

汉代瓦当除有圆形外，还有半圆形，瓦当的面径有所加大，边轮较为规整，边棱较宽，大多数瓦当中央还有圆乳，均为模制，瓦当的呈色多为浅灰色。

（2）琉璃瓦当的工艺特点

琉璃砖瓦为陶胎，经1100℃以上高温烧制后，再涂琉璃釉料，经800℃至900℃烧成。

琉璃亦作"瑠璃"，本义是指用各种颜色的人造水晶（含24%的二氧化铅）制品，晶莹剔透、光彩夺日。琉璃釉为生铅釉，以铅丹作助熔剂，以黄丹（氧化铅）和火硝（硝酸钾）为氧化剂，以氧化铁、氧化铜、氧化钴、二氧化锰等金属氧化物为呈色剂，因各种呈色剂不同的比例搭配，可制出黄、蓝、绿、白、孔雀蓝、茄皮紫等釉色。

琉璃砖瓦是中国古代建筑装饰构件，

在隋朝开始用于宫殿、庙宇、陵寝等重要建筑的屋顶和影壁，成为中国古代建筑特色之一。琉璃砖瓦有瓦当、筒瓦、板瓦、句头瓦、滴水瓦、罗锅瓦、折腰瓦、走兽、挑角、正吻、合角吻、垂兽、钱兽、宝顶等构件品种。

(3) 文字砖的工艺特点

文字砖的成型方法，一是在砖坯上用字模压印，二是砖烧成后刻划。

2. 品类

瓦当是房檐筒瓦端头，又称"瓦头"，是加固建筑边缘的构件，又是建筑物装饰。

瓦当的形状，有半圆形和圆形，半圆形瓦当是战国瓦当。由半圆形瓦当发展到圆形瓦当，是在秦代。汉代流行圆瓦当，半瓦当已很少见。

瓦当纹饰，分图案纹瓦当、图像纹瓦当和文字瓦当三大类。

图案纹瓦当，指简单的几何纹，如卍字纹、云纹。

图像纹瓦当，有动物纹、植物纹和人物纹。人物纹又有神仙纹、人物故事纹。这些在半圆（战国）、圆形（秦汉）形状中的浮雕纹，能表现丰富的文化，真是一种艺术创造。

文字瓦当，是模印宫殿名、官署名、祠墓名与吉祥文字，字体随瓦当的形状适形处理，成为别具一格的装饰。

(1) 春秋战国瓦当

洛阳周王城主要是素面半瓦当和动物纹瓦当，还有少量的云纹瓦当。齐国流行树木双兽卷云纹半瓦当。赵国以素面圆瓦当为主，有少量三鹿纹瓦当。燕国多饕餮纹瓦当。秦国流行单个动物图案组成的瓦当。楚国以素面瓦当为主；鲁国以云纹瓦当为主。值得一提的是，这时期，齐国还出现了我国最早的文字瓦——"天齐"半瓦当。

战国瓦当的纹饰多样化。如燕国的圆瓦当饰饕餮纹、山字纹、双龙纹、单龙纹、双鸟纹、窗棂纹等。齐国的圆瓦当饰树木双兽纹和树木双目纹，还有饰树木双人骑马纹、树木田子纹、水波纹、双鸟纹、兽面纹等。

(2) 秦瓦当

秦统一中国后，召原六国工匠在咸阳修建宫阁殿宇，形成了秦代瓦当多样化的风格。

大型半圆形的瓦当，秦始皇陵北2号建筑基址出土一件直径61厘米，高48厘米的夔纹大半圆形瓦当。当面图案由两条造型奇异的夔纹组成，两夔左右对称，姿态矫健，气韵生动，具有很高的装饰艺术价值。文物考古界誉之为瓦当王。圆形瓦当多饰水涡纹，这可能与秦尚水德有关。

秦　夔纹瓦当

秦　夔纹瓦当

秦　夔纹瓦当

　　画像瓦当多为先秦瓦当风格，以树木、树叶、动物等之形为纹饰，反映早期秦人由狩猎生活向农业生活的转变。同时，由于瓦当纹饰多取材于社会生活，对后来的汉画像石艺术起到了深远的影响。

　　秦代瓦当为圆形，纹饰题材多为几何纹、植物纹及动物纹，以秀美见长。

　　如在秦始皇内城西墙出土的云纹图案瓦当，直径15厘米，当心为一圆钮，圆钮周围有一圈小乳钉纹，心外对称均衡地分布着四朵蘑菇形云纹，给人一种强烈的规范化、程式化的美感。

　　秦代瓦当大量采用动物纹、植物纹、云纹等，而文字瓦当较少见。

西汉 "汉并天下" 铭瓦当

西汉 神兽纹瓦当

西汉 太阳纹瓦当

(3) 汉代瓦当

汉代瓦当与先秦、战国瓦当相比，不同之处是汉代瓦当的内面多有布纹痕迹，云纹瓦当较多见，文字瓦当的数量也很多，按瓦当上的文字内容可分为：宫殿类、官署类、祠墓类、吉语类几种瓦当。瓦当中间处多有一个鼓起的圆泡装饰，外面有同心圆纹两周，划分成内外两个圈，圈间饰花纹与铭文。

汉代图案纹瓦当以卷云纹为主。汉代图像纹瓦当，以动物纹为多见，其中又以西汉晚期的四神纹圆瓦当最突出，形象生动，风格雄浑，是汉代瓦当艺术杰出代表。四神又名四灵，即青龙（代表东方、青色、春天）、白虎（代表西方、白色、秋天）、朱雀（代表南方、红色、夏天）、玄武（代表北方、黑色、冬天）。四灵瓦当大多出土于陕西西安的汉代遗址。青龙瓦当出土于未央宫之东阙，白虎瓦当出土于采央宫之西阙，朱雀瓦当出土于未央宫之南阙，玄武瓦当出土于未央宫之北阙。

汉代文字瓦当亦有出土，如"汉并天下""永受嘉福""家字瓦当"等，瓦当文字数从一字至十二字不等，以四字者为最常见，但目前未见十一字瓦当。

从瓦当实物来看，文字瓦当字数从一字到十字均有，组成一个完整的画面。

一字有"卫""家""李"等，字的外围笔画依圆而变，充分体现了汉字

🔥 西汉 "长乐未央" 铭瓦当

🔥 西汉 "汉并天下" 铭瓦当

的图案美。二字有左右结构的"千秋""万岁"，上下结构的"甘林""冢上"等，讲究对称美。

瓦当文字有的标明建筑物的名称，如"长乐""未央""上林"等。有的为吉语，如"长乐无极""延年益寿昌""长生吉利""万岁未央"等，数量都非常多。有的瓦当文字表明陵墓或墓葬名称，如"高祖万世""长陵西神""殷氏冢当"等。

四字瓦当在布局上称作四单元结构（其他类推），是将瓦当的圆形分为四个部位，每部分安排一字或两字，画面四方连续，产生一种整体的美感。还有多单元和无单元结构，布局依字的多少而变，形成了活泼生动的形式美。汉代文字瓦当是中国文字瓦当艺术的集大成者，它运用文字笔画的依让伸缩，形成一种变化无穷的美的旋律。

东汉以后，文字瓦当日趋衰落。

（3）北魏瓦当

北魏瓦当有莲花纹、兽面纹和文字三种。

莲花纹瓦当，直径15.6厘米，厚1.6厘米，中间凸起圆珠，围以双层莲瓣，外围联珠纹，整齐大方。

🔥 北魏 莲花纹瓦当

文字瓦当种类不多，"传祚无穷"瓦当是在大同发现的，是在井字格中以魏碑体书"传祚无穷"四字。

（4）唐代瓦当

唐代瓦当以莲花纹为主，在唐长安城发掘的大明宫等宫殿遗址很多有出土，莲瓣为安装式，呈浮雕状，有富丽华贵之美。

（5）文字砖

砖的出现比瓦要晚得多，其确切的年代还有待考古资料的证实。

秦代因为建筑技术的发展和新的工程需要，作为建筑构件的砖品也有增加。秦代的长方形小砖，多用于铺地，除素面外，也装印太阳纹、米格纹、小方格纹等。在秦始皇陵出土的长方形小灰砖中，有规格大小不同的三种类型，砖面上均饰有细绳纹。有的还在砖的一端或侧面印有"左思高瓦""登宫水""宫屯"等铭记，这些文字可能是官名或监工名及驻兵地点的名称。

此外，秦代还出现了无棱砖、曲尺形砖、楔形砖及子母砖等。五棱砖可能是用于屋脊；曲尺形砖似用于建筑房屋墙壁转角；楔形砖为一头宽，一头窄，呈楔形；也有在砖的窄头中间凸出一个榫头，在宽头一段中部有一卯口的楔形子母砖，多用于砌筑拱券。

秦代的空心砖面仍多饰米字纹。

东汉文字砖
28厘米×18厘米×5厘米
释文：金钱

汉代砖，特别是小砖的种类，比战国和秦代大为增多，其类别可分为长方形小砖、方形砖、空心砖三种。制作方法均为模制，颜色主要是灰色。各种砖面或侧壁上除少数为素面外，大都饰有花纹或模印画像。画像内容反映出汉代的人物、鸟、兽、舞乐杂技和建筑等方面的生活情景，是研究汉代文学艺术的重要资料。

北魏时期的大型建筑物上，使用砖瓦的种类很多，建筑规模也相当大。如《洛阳伽蓝记》云："太和十七年高祖迁都

🔹 东汉文字砖
　30厘米 ×17厘米 ×8厘米
　释文：大吉羊（祥）
　　　　富未英（央）
　　　　出侯王

🔹 东汉文字砖
　26厘米 ×19.5厘米 ×7.5厘米
　释文：秩至二千石

🔹 清乾隆文字砖
　24厘米 ×16厘米 ×2.55厘米
　释文：乾隆三十年（1765年）刘凤山龙
　　　　山墙记

🔹 明正德文字砖
　25厘米 × 10厘米 ×5厘米
　释文：正德丙子（冬初生基）待三（都）
　　　　黄伯恭妻王氏北京锦衣昭信校尉之墓

洛阳，司空公穆亮，营造宫殿。"其后，又有蒋少游设计兴建洛阳的宫殿台榭。洛阳城北魏遗址中，宫城里有御道，两侧有官署、社庙、寺院和里坊，是当时北方最繁荣的城市。

3. 鉴定

收藏瓦当，可从三个要点进行鉴别。一看颜色，年代早的瓦当，如秦代瓦当是青灰色的，汉代瓦当是浅灰色的。二看制作工艺，西汉中期以前，大部分瓦当是手工制作的，有手工拿捏的痕迹（尤其是瓦当的当面）。到西汉中期，瓦当主要是轮制的，有轮旋的纹式，很像象形文。三看绳纹粗细，也就是看瓦当所连瓦的绳纹粗细，一般绳纹又细又直或者细直交替的多是秦代的，绳纹直而且粗的多为汉代的。

伴随着瓦当收藏的兴起，伪造的瓦当也悄然涌进古玩市场。伪造手法有以下四种：

翻制：用上等品相的真瓦翻制出模具，做出泥坯烧制，然后做旧处理。用石灰水加盐煮数小时，使瓦表面形成一层白色的仿古包浆，再喷上加胶的泥浆，看上去很像真瓦。但仔细分辨，则漏洞百出。真瓦的包浆不易除掉，而假瓦则容易除掉包浆。敲一敲声音也不一样，真瓦的声音脆，而假的声音发闷。再有，真瓦的内壁有粗布纹理，假的没有，即使有也是极细的机制布纹。假瓦经过碱水煮，异味极大，真瓦则没有任何怪味。

拼接：用残缺的真瓦片拼接。这类制品欺骗性很大，稍不留神就会上当。用这种手法制出的瓦当，一般在市场能卖到几百元。

改刻：在西安、洛阳、开封等文化古城，找一块汉代的砖很容易，汉砖一般也没人要，制假者却用一些既便宜又有图案的汉砖来刻制瓦当。这种瓦当对初学收藏的人来说，具有极大的迷惑性。

建议收藏爱好者选购瓦当时，除要了解以上作假方法外，还要注意以下几个细节，找出假瓦当的破绽：

第一，有些瓦当市场价格高，如文字瓦当和四灵瓦当，收藏者多，而普通图案瓦当不受欢迎，所以伪品大多数是市场价格高的瓦当。见到这类瓦当就要特别注意。

第二，假瓦当都会涂泥土做旧，就像是出土的一样，一般不会让买者清洗，因为一洗就会真相毕露。

第三，瓦当是瓦的端部，真瓦当背面往往有长短不一的筒瓦残存，假瓦当没有。当然，这也可能伪造，入手时要看残断痕迹是否自然、筒瓦背印下是否有布纹等。

第四，有的文字瓦当是用廉价的汉代云纹瓦改制的，这种瓦当三五十元可得，而文字瓦价格超过百元。方法是将真瓦的图案铲去，再用模具把文字用水泥铸出，再涂泥浆做旧。这种瓦当有一

就值得怀疑了。

（三）存世量分析

建筑陶瓷的存世量相当大，以我在市场多年的经验和观看一些的考古发掘，同现各种陶片、瓦片建筑的筒瓦、板瓦、瓦当等出土相当惊人。经计算曾经一天出土过几百袋建筑陶瓦。这主要是因为，古代建筑大量使用各种瓦来盖房子、碎瓦铺路、做排水系统（散水）。这其中尤以汉代遗址最为明显。

今天我们见到的古代建筑陶瓷很多就是来自汉代。相反，明清近代建筑陶瓷反而受破坏比较严重。

（四）影响收藏价值的因素

影响陶瓷建筑价值的因素是因为过去人们对收藏知识的缺乏和对文物价值的无知，认为只有那些市场红火的元青花、和田玉才是古玩，才值得去收藏，盲目地跟风已导致对中国几千年历史文化遗产的模糊不清，才不知道去收藏这些智慧的结晶。

（五）目前国内外市场行情

在国内外市场上，建筑陶瓷几乎没什么太高的价格，因为这些建筑陶瓷与生活器相比做工较为粗糙，而且受破坏

定的欺骗性。这种作伪文字的写法往往不对，若水洗后，可见水泥铸字的颜色、质感不对。

提醒收藏爱好者，保持一个好的心态也很重要，遇到看上去不错的东西时不要激动，不要急于拿下，不能轻信卖主所讲的故事，要细心冷静地观察分析。如果常去古玩市场，就要留心瓦当的图案和规格，制假一般都是批量生产的，真与假在图案和规格上相同是有可能的，但如果几个瓦当的断口也是一样的，那

比较严重。但是在近些年随着市场的全面发展,一些好的瓦当、空心砖的价格已经今非昔比,现在的市场的陶瓷建筑收藏有增无减。

在 1980 年以前,瓦当收藏处于低迷期,价格低,几元钱就可买一枚。在2009 年,一些常见的汉代文字瓦当每枚价格已到 600 元至 1000 元一枚,动物纹瓦当已达 1200 元至 1800 元,精品汉瓦当已涨至 3000 元以上一枚;品相好的四神瓦当每枚价格已高达 5000 元左右,一套完整的四神瓦当市场参考价竟高达五六十万元甚至更多。

瓦当拓片近年来也受到了瓦当爱好者们的青睐,市场价格一般少则四五十元,多则百元以上,精品达到了数千元。名人收藏过的瓦当拓本更是价格不菲。如 1996 年嘉德秋季拍卖会上,陈直的《新出汉瓦拓片》以 1.98 万元的价格成交。在 2001 年中国嘉德拍卖会上,一本王孝玉旧藏的清末汉瓦当八品拓本成交价达6600 元。

(六)投资增值依据

秦汉瓦当是我国古代瓦当艺术中的珍品,主要出土于陕西、山东和河南三省。其中,陕西是秦汉都城所在地,出土瓦当数量之多,居全国之首。秦汉瓦当珍贵的研究价值与审美价值历来为金石家、学者与收藏家们所重视,其市场价格早在清乾隆年间就已达到高位。据钱献之的《汉瓦图录》记载,"长乐无极"瓦当在乾隆年间的价格每枚达到了白银十两,价格最高的一枚动物瓦当达到了白银二百两。光绪末年,端方在陕西收集瓦当时,精品每枚达白银五十两,到 1940 年,秦汉史专家陈直在陕西收集瓦当时,一些珍贵的品种,每枚少则十元大洋,高则到达三十元大洋。一些有文字或图形为装饰的品种,如瓦当、房屋装饰、画像砖等。这些有文字或图形的建筑陶瓷,最能反映当时的文字、绘画及社会情况,在历史上就是金石学家所关注、研究的对象,现代研究的范围不仅仅是古文字的变迁,已扩大到建筑艺术以及古代文化艺术方面,例如有文字的砖,可以研究建城史等。

近年来,画像砖、瓦当等建筑陶瓷开始受到青睐。投资者不妨考虑以上提到建筑陶瓷,因这些价格很低廉,所以几乎没有仿品。

七、战汉彩绘陶器

（一）释名与沿革

1. 释名

彩绘陶是指将陶胎烧成之后在其表面进行彩绘的陶器，又称烧后彩绘陶。与先画彩后烧成的彩陶不同，彩绘陶的色料是靠胶质粘附到器表上的，受潮或

🌸 春秋 彩绘陶壶

经水后彩绘纹容易脱落。彩绘陶出现的年代比彩陶晚了几千年，又因制作工艺不同，故在彩陶中加一个"绘"字，以示区别，进入文明时代后，彩陶便很快消亡了，故彩陶成为史前陶器的代表。而彩绘陶在战国至汉代，进入极盛时期，其主要用途是作为墓葬明器。

战国至汉代盛行厚葬之风，是彩绘陶器兴盛发展的主要原因。当然，战国至汉代墓葬明器除彩绘陶器外，还有素陶和釉陶，但以制作费时费工的明器为主，数量也多于素陶和釉陶。

彩绘陶主要有彩绘陶器、彩绘陶建筑模型、彩绘陶俑三大类。因彩绘陶建筑模型、彩绘陶俑分别在本丛书其他品类中已做过介绍，本文重点介绍战国至汉代用作陪葬礼器的彩绘陶器。

2. 沿革

彩绘陶工艺始于新石器时代晚期，比彩陶工艺出现晚，分布面积很广，在新石器时代晚期长江流域的屈家岭文化、马家浜文化，黄河流域的陕西、河南、山东龙山文化遗址都有彩绘陶器出土，尤其是龙山文化陶寺遗址，出土的随葬陶器有灶、罐、壶、瓶、盆、盘、豆，个别墓有鼎和瓿。凡泥质盆、罐、壶、瓶、

盘、豆，都是烧成后彩绘的，以黑陶衣
为地，上施红、白、黄彩；或以红色为地，
上施黄、白彩。纹样有圆点、条带、几
何形纹、涡纹、云纹、回纹、龙纹、变
体动物纹等。斑斓绚丽的彩绘陶器构成
陶寺类型文化的一大特色。彩绘蟠龙纹
陶盘，是陶寺彩绘陶器中最富有特征的
器物。这是在中原地区所见蟠龙纹的最
早标本。从出土情况判断，龙盘是一种
礼器，龙纹则可能是氏族、部落的标志。
一些彩绘纹样与商、周青铜器花纹颇为
接近，为探讨中国古代青铜文化的渊源，
提供了重要线索。

🏵 战国　彩绘陶器

（1）战国彩绘陶器

　　彩绘陶器工艺真正获得发展并广为
流行是在春秋战国时代。

🏵 战国　灰陶加彩豆

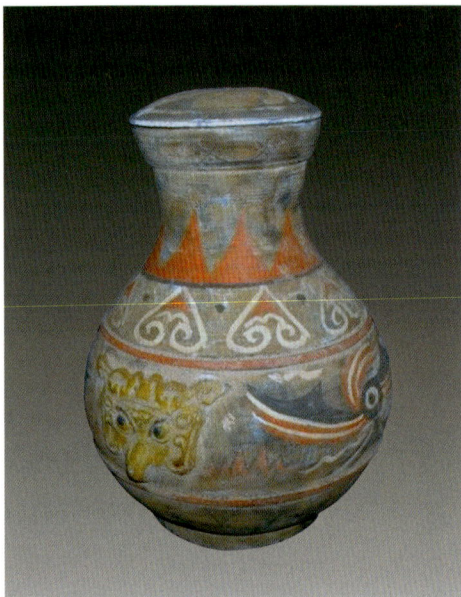

　　春秋早期这种彩绘工艺主要流行于
中原地区，后来逐渐影响到南北各地，
尤其到了战国时期，河南、湖南、江西、
广东以及西北和东北地区都广为流行。
在陕西秦墓中发现，春秋早期至战国早
期的陶礼器表面大多施以彩绘，可见这
里的彩绘工艺发展较早，而其他地区的
彩绘陶主要出自战国墓中。

　　彩绘陶是用作陪葬的明器，而非生
活实用器，由于其华丽的纹饰和鲜艳的
色彩，一些地位较高的贵族都喜欢采用
这种陶器作陪葬，因而彩绘陶器便成为
战国时期较为杰出的一种陶器。

　　战国墓内多为鼎、豆、壶、盘、匜，
在个别规格较高战国大墓中有鼎、甗、豆、
壶、罐、盆、鉴等。彩绘纹样的题材是

先秦陶瓷器装饰中最丰富的，大致可以分为几何纹、云雷纹、龙凤纹、鸟兽纹和花草纹几类。

在陕西凤翔县秦公陵区之南发现一处秦国中小型墓葬群，出土陶器可作为东周秦国风格的代表。其组合形式主要有：春秋时期多为鼎、簋、壶、盘、匜等。战国时期的仿青铜礼器明显减少，除鼎、鬲、壶等少数传统器种外，别具特色的喇叭口罐、茧形壶、灶、缶等新颖器种逐渐增多，而且传统的鬲、鼎等器的造型也多有变化，春秋至战国早期的陶礼器表面多施彩绘。

🔹 西汉　彩绘四神图陶壶

（2）汉代彩绘陶器

汉代彩绘陶器，是在战国彩绘陶器基础上发展起来的，也存在一个由简到繁，再由繁到简发展过程。

汉武帝以前彩绘陶，纹饰粗犷单调，构图疏略，无一定模式，色彩也只有一两种。汉武帝至新莽时期，是汉代彩陶艺术的发展繁荣期，尤其是汉昭帝以后极盛。这一时期的彩绘陶器均为文物精品，以壶居多，用矿物颜料彩画，有红、赭、褐、绿、黄青、蓝、橙等色，纹饰丰富繁多，线条流畅婉转，充满着浪漫主义气息。东汉彩绘陶纹样由富丽趋向简约，出现粉绘、朱绘。但随着铅釉陶的流行，彩绘陶很快衰退了。

在陕西关中等地汉墓中均出土大量彩绘陶。如咸阳杨家湾汉墓中与彩绘兵

🔹 汉　百花彩绘陶灯

马俑同时出土的 100 余件陶器，绝大多数为彩绘陶。器物内涂朱红，外施彩纹，彩纹以天蓝、白、豆绿、葡萄紫、土黄、石青等色描绘在深赭色陶衣上，其纹饰主要有简化的蟠螭纹、变形回纹、三角纹和涡纹，纹饰的构图依据器物的形状而变化。

汉代彩绘陶器是青铜礼器的代用品，墓主应以王公贵戚、官员为主，彩绘陶从器型到纹饰，无不凝重精雅，规整豪放，纹饰构图严谨，线条刚劲流畅，具有很高的艺术水平。

(3) 唐代彩绘陶器

唐代因出现了装饰性能更好的三彩釉陶，加上葬俗的变迁，彩绘陶很快走向衰落，器型沿用过去的塔形罐、卷沿罐、盆、碗等，纹饰多用仰、覆莲花，也有少量菊花纹、梅花纹。

如河南陕县出土的彩绘塔形陶罐，通体施白衣，盖钮绘红彩，盖沿部以双黑线勾覆莲纹，罐口点红彩，肩部以双黑线勾覆莲纹，其下为黑条带云纹，腹部为上下交错的六朵红彩菊花，底部为双黑彩仰莲纹，其座束腰部为黑彩条带云纹，足为双黑彩覆莲纹。同期其他墓中出土的卷沿罐上的彩绘纹饰也与此相似，只是有的腹部花纹不同。

唐代以后，彩绘陶器不常见，即使墓葬考古偶有发现，也是彩绘花纹潦草简单。在明代墓葬考古中没有发现过彩绘陶器。

（二）工艺特点、品类与鉴定

1. 工艺特点

彩绘陶器是在烧成的泥质灰陶上绘上当时流行的花纹，用作随葬明器，因此也称灰陶加彩器。彩绘陶器多用轮制制坯，形制规矩，少数用模制，与一般陶器制作工艺相同。

彩绘工艺是先将陶器表面修整光滑，然后将矿物颜料研磨成浆，添加适量植物胶待用。然后在器表涂抹陶衣，再打一层底色，常见底色有三种：黑地以墨打底、红地以朱砂或铅丹打底、白地多用白黏土打底。还有个别为黄地。

施彩也有规律，通常是黑地红白彩、红地黑白黄彩、白地红黑彩，这样底色与彩绘纹的搭配绚丽斑斓，协调醒目。汉代彩绘陶所用都是矿物颜料，如绿色是将绿松石磨成粉状，红色是用朱砂等，呈色稳定。因绘制后不再烧彩，彩绘极易磨损脱落。

2. 品类

(1) 战国彩绘陶器

战国中原地区陶器的出土情况，以洛阳的东周墓为代表。在发掘出的一批中、小型墓葬中，随葬品均以陶器为主，其中属春秋早中期的多为鬲、盆、罐、豆，

战国 彩绘陶尊

春秋晚期的墓内多为鼎、豆、罐、盘。战国早期墓内多为鼎、豆、壶、盘、匜，战国晚期墓内多为鼎、盒、壶、盘、匜。在个别规格较高、形制较大的战国墓葬中，也见随葬有大量陶瓷器的，而且非常精美华丽，如洛阳西郊的一号战国墓中就葬有许多彩绘陶器，陶器的器表多以黄色为底，再绘以纹饰，器物的品种有鼎、甑、豆、壶、罐、盆、鉴等（参见陈久《洛阳市西郊1号战国墓发掘记》，

《考古》1959年第12期）。

战国彩绘陶器在关中、北京和长沙等地区都有出土。一般是在泥质灰陶器上先敷黑衣，再涂一层白粉，然后再彩绘。彩绘以墨线或画红彩为主，长沙出土的个别陶器有以银色作为主纹的，北京昌平出土的都以朱绘为主。泥质红陶一类器物，则先涂白粉或黄粉，然后施彩绘。

彩绘纹饰因时代和地区不同而有明显差异。洛阳中州路出土的彩绘陶器，以

雷纹和涡纹等为主，洛阳烧沟出土的彩绘陶以莲花、铺首和羽状纹等为主，北京昌平出土的彩绘陶器以卷云纹为主，长沙出土的彩绘陶器以柿蒂纹和龙凤纹等为主。战国彩绘陶器在装饰上的最大特征是以红与黄、黑与白为主调，一般不使用间色，色彩对比非常强烈。

（2）汉代彩绘陶器

汉代是彩绘陶器的繁荣期，墓中陶质明器都是通体绘彩的陶器。

彩绘陶器的器形很多，除了独特的茧形壶外，有壶、豆、盘、鼎、尊、盒等，其中以壶类陶器数量最多，纹饰亦最精美，但都是明器，不见生活用器。

汉代彩绘茧形壶，是依据壶呈茧形

🏵 汉　彩绘陶茧形壶

的特点，围绕两个球面，以螭纹组成两组相对应的纹饰相互缠绕弯曲，显得非常古朴雅致。它是汉代典型的器物之一。

解放以来，洛阳烧沟汉墓出土的彩绘陶780多件，颜色有红、赭、褐、黄、橙、朱、蓝、绿、青、白等10多种。其中最简明的一种是只用白粉或朱色在陶器上描绘花纹，更多的是用两种以上颜色，绘制复杂花纹，并在描绘前先施朱底或粉底。

洛阳烧沟汉墓出土的彩绘壶，从壶颈直至中腹，以宽黑色弦纹分隔成若干区间，主题纹饰绘有青龙、白虎、朱雀、玄武、流云等，并以三角、锯齿、菱纹、云气、斜方格、漩涡等几何纹上下衬托，整个纹饰达九组之多，画面形象生动，色彩艳丽，充满着浪漫主义色彩。

汉代彩绘陶上还出现了人物故事纹，

🏵 汉　彩绘陶香薰

如河南密县后郭村出土东汉陶仓楼正面彩绘地主收租图。图中绘 4 人，其中 2 人正往粮袋中装粮，身边有斗、斛、粮堆。两侧各 1 人，均头裹平帻，身着黑衣，左侧 1 人双手执箕，右侧 1 人腰间佩剑。背面为彩绘饲弓图。

汉代彩绘陶的纹饰，借鉴了汉代流行的漆器、陶瓷和染织品上的图案，有规律地组织成带状等纹样加以运用。陶壶、陶奁之类，从口沿到腹部分段描绘。通常以红色或黑色线条作为每一段的分界线，每一段之内有的加填青色或蓝色的底子，口沿多涂成黑色。花纹中的菱形纹、锯齿纹、折线、三角形、小圆形纹等，多用不同的色彩描绘。较复杂的几何图案以及云气纹、鸟兽纹、龙虎纹等则先用淡墨勾出轮廓后，再用红白等色画成。图案分段描绘，宽窄不同。腹部一段较宽，是放置主要纹饰的部位，多画四神、四灵或龙、虎、青鸟等互相追逐、争斗于云气之间的场面；其他较小段面，配置几何图案，分层衬托，使主要纹饰更为突出。鼎、壶、奁之类的器盖和陶盘中心，多用红黑色直线或曲线，划分为若干层面，在中心部位画上旋涡纹、流云纹、变形龙风纹等主花纹。布局过于机械，而且千篇一律，变化不大。

3. 鉴定

彩绘陶器的鉴定和高古陶器的鉴定方法相同，也要看器型、胎质、纹饰等方面的特点。综合这些方面的特点，参考以上所述内容，会有所启发。

由于彩绘陶器上的纹饰是在将陶胎烧成之后在表面上彩绘的，颜色是靠胶质粘附到器表上的，真正的彩绘陶器在地下埋藏已两千年，故受潮或经水后彩绘纹容易脱落。这是彩绘陶器的特点。

🌺 东汉 彩绘陶鼎

🌺 东汉 彩绘陶敦

但后仿彩绘陶器也很容易。收藏者要注意鉴别。

（三）存世量分析

有一名山西籍作家记载，在20世纪80年代初到山西一家修建高速公路的工程队体验生活，与工人们一起风餐露宿，修建高速公路时，工程队一路上挖出数十处汉代古墓，起出许多件汉代陶器，其中有汉代典型的盘口壶、茧形壶等。因施工单位无处置权，而当地文物部门对这类陶罐兴趣又不大，也没有保管场地，所以工程队只好把它们堆放在一座庙里，一层叠一层，最后因木架子承受不住轰然坍塌，承载着两千年历史文化信息的文物顿时化为一堆碎片。所以我们现在要好好珍惜战汉彩绘陶器。

汉代彩绘陶出土地方较多，除河南烧沟、禹县、辉县，湖南长沙、湘阴，陕西西安外，河北邯郸王郎村，内蒙古集宁市，江苏徐州，甘肃张掖，山东文登，辽宁大连、辽阳等地也有出土，在制作和风格上区别不大。目前，在古玩市场上战汉彩绘陶器数量还很多，存世量很大。

（四）影响收藏价值的因素

过去对艺术品的优劣评判，是以公众的接受程度为标准，而公众接受的程度基本上是在传统的艺术准则之内，反映了社会主流的审美趣味。在进入艺术品投资时代的今天，与投资相关的市场因素成为一种新的力量，主导着对艺术品的价值评判，是不可回避的事实。

彩绘陶出土后，一直面临氧化、水侵的威胁，大多数彩绘陶的表面色彩都会脱落。收藏者因缺乏正确保护、保养彩绘陶的知识，是大部分收藏者喜欢观赏而不收藏彩绘陶的一个原因。现在收藏者对彩绘陶的保护修复的知识不断增强，也知道战汉彩绘陶的文化价值，关注的人会逐渐增多。

（五）目前国内外市场行情

战汉陶俑是文物价值和艺术价值都很高的艺术品，因脱彩、残缺等原因，大多数价格不高，只有少数满彩、保存很好的战汉彩绘陶俑，价格也能过万元。

战汉陶俑在国际市场拍卖价格却很好。如一件100厘米左右的汉代陶马，在国际市场拍卖成交价格高达百万元以上；一件40厘米左右的说唱俑，也可以以数百万元成交。

（六）投资增值依据

以我多年的收藏投资经验，认为战汉彩绘陶器非常适合投资。因为古陶器一个时代有一个时代的特征，一个地方

東汉 彩绘陶三足樽

有一个地方的特征。战汉彩绘陶是在特定历史条件下出现的，是十分重要的研究依据，尤其是文化史的探讨，很多问题必须由陶器入手，通过一件陶器常可透视出一种文化有怎样的面貌。

战汉彩绘陶是一个社会生产力的标志，做工较为精细，体现了当时的制陶工艺特点，有着丰富的历史价值。另外，战汉彩绘陶目前价格远远背离其价值，所以笔者认为目前非常适合投资战汉彩绘陶，相信在未来战汉彩绘陶的价格会有较大幅度的上涨。

七、战汉彩绘陶器

八、魏晋青瓷堆塑罐

（一）释名与沿革

1．释名

在江苏魏晋六朝考古中，从墓中发现一种青瓷明器，形状如坛在罐，口沿以上部分堆塑楼阁，人物、飞鸟、走兽，有的还有佛像、孝子守灵、龟蚨驮碑等，它的腹部有的素面无纹，大多数模印和堆贴各种飞禽、走兽或佛像、铺首等。这种罐形器有的本身有纪年铭文，有的同存伴出纪年砖或铅地券。值得注意的是这种青瓷明

🌸 三国吴　青瓷堆塑飞鸟人物罐（镇江博物馆藏）

　　高 47.5 厘米
　　口径 8.8 厘米
　　腹径 28.5 厘米。

1972 年江苏金坛唐王东吴墓出土。罐，通体施釉。上部堆塑三层，塑楼台 1 幢、阙 2 座、舞乐杂技人物 10 位、飞鸟 68 只，另堆塑走兽等，下部罐腹上端堆贴、模印三层纹饰。上层堆贴坐猴 10 只、飞鼠 7 只，中层堆贴佛像 7 尊、天禄 10 只，下层堆贴蜥蜴 11 条、乌龟 3 只、飞鼠 3 只。其内容杂而不乱，多而不散，疏密有致，制作精细。采用了模印、刻花、堆贴、塑饰、雕镂等多种工艺。

器仅出自东吴到西晋的墓中，在地区分布上亦仅在长江中、下游的江浙和江西边缘地区。

考古界有人称它为谷仓、魂瓶、堆塑罐等，或客观地称为"人物飞鸟罐""鸟兽人物罐"等等，众说不一。本文称作魏晋青瓷堆塑罐。

2．沿革

魏晋青瓷堆塑罐造型特殊，无实用价值，又出自墓中，应是一种专门制作的陪葬明器。从其丰富多彩的堆塑、印贴内容看，不能不认为有祭祀死者、超度死者灵魂升天的意思。考古界认为，魏晋青瓷堆塑罐源于五联罐。

（1）五联罐

五联罐是东汉至三国时期墓葬中常见的瓷明器，造型是在一个大罐的口沿和肩部塑以五个开关相同的小罐。灰褐色胎，青褐色釉。三国时五联罐的中罐较前期增大，其他四罐逐渐缩小，出现了堆塑的人物、楼阁、羊、鸟等。最后中罐变成大口，周围的四罐被楼台亭阁和各种堆塑所替代，成为本文所称的魏晋堆塑罐。

不同时期不同地点出土的五联罐不完全相同，但五个罐子的特征一直存在，不因造型的日趋精致而消失，说明五个罐子有特殊用途或有特殊象征意义。有人认为五联罐是阴阳五行观念的体现。

浙江宁波市博物馆收藏有几件出土的东汉五联罐：浙江省馈县沙河出土青瓷五联罐、江苏常州新闻乡王家塘出土双层青瓷堆塑五联罐、浙江萧山市衙前凤凰村出土的黑釉五联罐、江省黄岩市拱东乡马鞍山出土的褐釉五联罐。以上四件东汉五联罐，都出土于东汉五联罐盛行的中心地区，可以看成是东汉五联罐的典型形制。其做工较精致，其形制及堆塑的内容也接近三国、两晋时期青瓷谷仓。

而在东汉五联罐辐射地区，如1978年安徽省青阳县庙前乡新发村西晋墓出土的青瓷五联罐，福建闽侯出土的东晋墓青

🌸 三国 堆塑"伎乐"五联罐

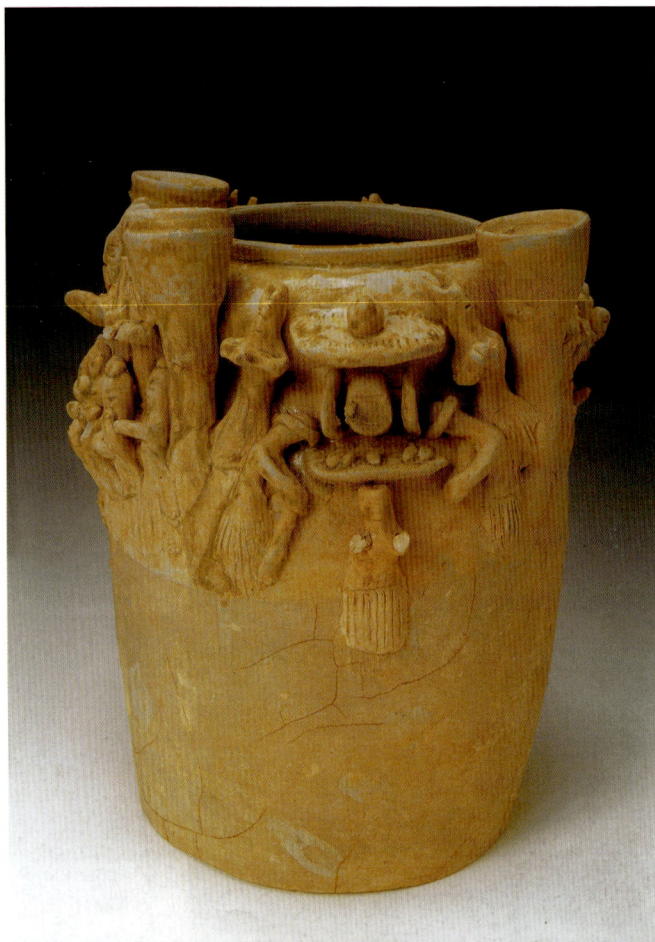

🦐 三国吴　堆塑五联罐
　　高 28.5 厘米
　　口径 12.5 厘米
　　底径 17 厘米
　　1994 年浙江省松阳县赤寿乡择子山出土。松阳县博物馆藏。罐分上下二层，上层作成五罐，中罐大，周围四个小罐将肩部分隔成四面，其中一面设祭台，台前子孙在沉痛哀悼，另外三面是奏哀乐的俑，反映了三国东吴厚葬的情景。灰胎，施青黄色透明釉。

🦐 三国吴　堆塑五联罐
　　（俯视图）

🏵 南朝　青釉谷仓罐

🏵 南朝　塔棱形谷仓罐

瓷五联罐，虽然与东汉相去几百年，其精致程度却比不上东汉时期的产品。

(2) 魏晋青瓷堆塑罐产生的原因

从形制上看，魏晋青瓷堆塑罐由东汉五联罐转变而来，起初仍保持五联罐的器形特征，只是比五联罐高一些。五联罐为何会向青瓷堆塑罐转化，其中有几个原因：

第一，江南是陶瓷业发达的地区，东汉三国之际，这里的青瓷工艺首先成熟，渐渐取代了陶器。青瓷堆塑罐的形制的变化，显然是在东汉陶器五联罐基础上演变而来，带有浓厚的五联罐遗风。如南京赵士岗出土的一件陶罐，几乎和五联罐一样；赵士岗和金坛唐王出土的两件青瓷罐，还保留了五联罐的小盂，放在罐上部的主要位置；南京邓府山、甘家巷高场、金坛白塔出土的三件瓷罐，虽罐口已成屋檐顶式，但四角仍留下四只小罐，也显然是五联罐的遗风。直到西晋以后，这种五联罐的形式才逐渐消失。

第二，东汉厚葬之风盛行，使事死如事生的观念深入人心，成为民俗。尽管魏晋时期厚葬现象仍十分普遍，但当时社会经济已经不及汉代繁荣，从出土文物来看即使是厚葬墓，其规模及奢侈程度远远不及汉代。蜀汉、孙吴一些君主，对薄葬极力倡导并身体力行，使薄葬成为当时的新风尚。人们希望不厚葬，但又兼顾事死如事生习俗，于是就出现了青瓷堆塑罐，用堆塑表现了以往厚葬时诸多内容。其上有墓主人生前拥有高大的楼阁庭院，贮藏粮食的仓廪，有为他们消遣娱乐的乐舞百戏，有供他们精神寄托的宗教崇拜——各种佛像；他们死后有孝子守灵，还有各种神禽异兽，作为他们死后"灵魂升天""羽化成仙"的象征。这一切无非都是在祭祀墓主人时慰藉死者，幻想他们在另一个世界还可以同样享受，并且还痴想将这一切留给子孙万世。

第三，魏晋时期，社会动荡，民不聊生，许多人死于非命。受当时习俗的影响，人们迫切需要有一个为死者安置魂魄的地方，于是就创造了青瓷堆塑罐。青瓷堆塑罐上有几个特意制作的孔洞，是灵魂

🐚三国吴 太平二年越窑
青瓷堆塑罐
　腹径 27 厘米
　底径 13.8 厘米
　高 45 厘米

可自由出入的孔道。江苏常州市博物馆藏青釉堆塑九联罐、浙江上虞市文物管理所藏三国越窑青瓷塔式罐、浙江省嵊县文物管理委员会藏西晋青瓷谷仓罐等，其罐身下部都有不同数量的圆形小孔出现。因此，可以推测它是具有特殊用途的随葬品，即用于安置死者的魂魄之所，罐上的飞鸟等装饰又象征着死者可以羽化升仙。

(3) 魏晋青瓷堆塑罐的民俗寓意

魏晋青瓷堆塑罐上有各种题材的堆塑，具有丰富多彩的民俗寓意，目的在于"所堆之物，取子孙繁衍，六畜繁息之意。以安死者之魂，而慰生者之望"。

①事死如事生民俗的反映。结合民俗学资料来看，现在尚有一些地区往往扎制各种纸制的房屋建筑、衣物、箱柜、人马、车轿等等生前一切应有尽有的物品，祭祀死者后火化，让死者带去另一个世界享用，这与古代放置各种明器随葬的作用应是一样的。

②东汉地主庄园经济的反映。魏晋

🏵 三国吴　红陶堆塑罐

🏵 西晋　青瓷堆塑罐

青瓷堆塑罐上堆塑的亭台、楼阁、仓库、门阙等等，即是士族地主庄园生活的一个写照。故宫博物院藏有"永安三年时，富且洋，宜公卿，多子孙，寿命长，千意万岁未见英"铭文的青釉谷仓罐，是其代表作品。该罐腹壁堆贴着鱼、龟和各种禽兽，罐口塑有楼阙馆阁，卫楼阁上有持乐器的伎乐人，仓口有狗守卫，形象地表现了东汉末年及三国时期豪强地主庄园的一个侧面。六朝时期豪门地主所占有的土地很多，并有许多田园别墅，这些士族大地主多集中在苏南及浙江一带，从今天掌握的堆塑罐的出土地点看，仅在长江中下游地区，特别是江苏、浙江一带，可推断这与江南大地主的庄园经济分不开。青瓷堆塑罐上的亭台楼阁，是地主庄园生活的一部分写照，这也可以说明青瓷堆塑罐仅在这一带发现的原因。

③佛教思想的反映。佛教于东汉末年传入中国，到了六朝时盛行，这在堆塑、

🏺 西晋青瓷鸟兽人物罐
高 47.5 厘米
底径 16.5 厘米

印贴内容上也得到反映。如南京高家山高场1号墓出土的一件，罐顶为一方形陶屋，四面均有门，门内各置佛像一尊，围绕方屋四周又有佛像四尊，下面罐颈正面开一门，中有佛像，两边有双阙，其周围又塑佛像八尊，共计二十尊。佛像均趺坐、合掌，头上似有发髻或冠，有背光。在罐腹上也贴有佛像或僧人，俨然是庙宇礼佛的场面。

④道教思想的反映。一些堆塑、印贴的飞禽走兽、人骑龙凤的塑像，有虎、熊、鹿、飞鸟、龟等等，大都有象征吉祥、长寿的意思。有些不属于现实存在的，如凤鸟、飞龙、仙人骑异兽、带翼辟邪等，则是反映了那种"跨巨鲸、御长风、羽化登仙、遨游寰宇"的缥缈意境，是当时道教思想的反映。

⑤儒家思想的反映。六朝时期士族门阀制度盛行，上层阶级中崇尚清谈，重玄学，但儒家孝悌思想仍占相当重要的地位。堆塑的孝子守灵膜拜顶礼、举丧致哀

🌸西晋 青釉堆塑佛像楼阁谷仓罐.

等形象，应属儒家的伦理道德范畴。

魏晋青瓷堆塑罐和汉画像石有一脉相承的关系，因为汉画像石中出现的楼阁、收租、乐舞、出行等场面，以及飞鸟、动物等装饰，在魏晋青瓷堆塑罐上亦应有尽有。和汉画像石的不同处，只不过是从平面到立体，从大到小而已。前者主要是汉代地主贵族物质生活的写照，后者到了六朝时，佛教盛行，玄学又在上层人物的思想意识中占有一定位置，因此罐形器上的某些雕塑，较汉代内容更为丰富，并反映了墓主人的精神生活状态。

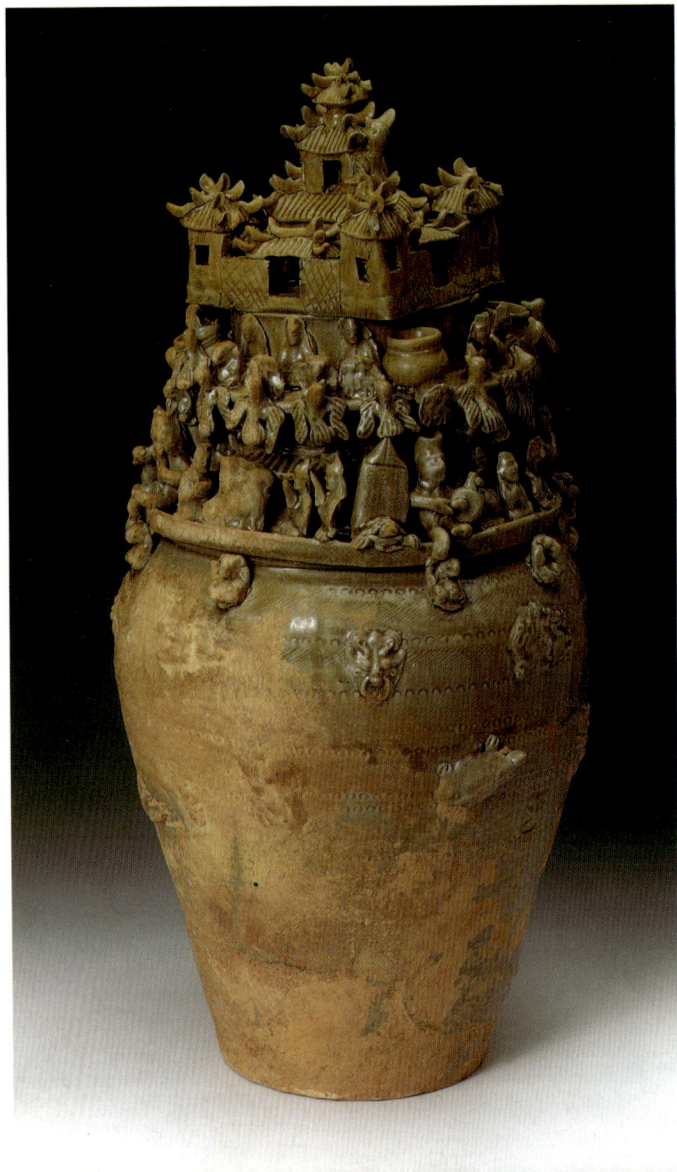

🏺西晋 青瓷鸟兽人物罐
高 47.5 厘米
底径 16.5 厘米

（二）工艺特点、品类与鉴定

1. 工艺特点

魏晋青瓷堆塑罐由东汉五联罐发展而来，这是学术界公认的观点。

东汉五联罐还只是原始瓷或陶器，罐体像双节葫芦，腹部扁平，器身较矮，上腹周围黏结四个小罐，底部有圈足。以后五联罐的器身不断加高，圈足消失，变成平底，瓶肩与瓶颈之间出现一些堆塑鸟纹、熊纹。以后，瓶肩与瓶颈之间的堆塑纹不断增加，题材越来越丰富多彩。

三国东吴早期，青瓷工艺成熟，出现了青瓷堆塑罐，堆塑丰富。如江苏省金坛县唐王公社东吴末年墓出土的青瓷堆塑罐，自上腹至口部堆塑坐佛7尊，歌舞杂技俑10个，飞鸟66只，狮子、神兽、及鹿、猴、狗、鼠、乌龟、蜥蜴等61只，还有三层楼阁、双阙等建筑微型模型等，整个谷仓构图丰满。

魏晋青瓷堆塑罐上的堆塑题材，是一个地区民间风俗的反映，堆塑题材的种类、多少、布局，体现了鲜明的地方特色。

2. 品类

魏晋青瓷堆塑罐在造型方面可以归为几种：

（1）庭院式

庭院式魏晋青瓷堆塑罐，有的有门楼和双阙，有的有角楼和殿堂，占了西晋青瓷罐的多数。它们往往还在庭院内堆塑乐舞百戏和仪仗场面，反映了地主庄园生活的一面。

（2）谷仓式

谷仓式魏晋青瓷堆塑罐有的塑成圆囷形仓库，有的在圆形罐腹上刻一些小孔，塑一些人执仗赶鼠。

（3）庙宇式

庙宇式魏晋青瓷堆塑罐不仅塑有寺庙的建筑形式，而且还有浮雕佛像和僧人，并有背光。

（4）丧葬礼仪式

丧葬礼仪式魏晋青瓷堆塑罐上塑有棺木，两旁俯伏死者亲属，身着孝服，乐师奏乐的场面。

此外，在这些青瓷罐的上部，几乎大部分都有飞鸟装饰，它们形态各异，有的觅食，有的栖息，但大都展翅飞翔，头部向上，雕塑得颇为生动。最多的一罐上有66只，飞、鸣、食、宿，生态毕具，它们很可能和汉画像石上雕刻飞鸟在画面四周作为装饰有关。还有在少数青瓷罐上塑以龟趺驮碑形象，例如吴县狮子山西晋墓出土一件，碑额上刻写"元康二年闰月十九日超（造）会稽"铭文，记录了这件堆塑罐的制作年代和制作地点。会稽是今浙江杭州，是古越窑的分布地区，这件堆塑罐即是越窑生产的。

（三）存世量分析

魏晋青瓷堆塑罐出土于三国两晋南北朝时期的墓中，是民间使用的明器。因当时瓷器工艺刚成熟，瓷谷仓是金银铜明器的代用品，价格不贵，一般家庭都用得起，所以瓷谷仓制作和使用在此时达到了高峰。虽然古墓都不免被盗，但古代盗墓人重金银珠宝，不重陶器，也不重视宋代

西晋 元康元年青瓷堆塑罐
口径 13.4 厘米 底径 14.3 厘米 通高 50 厘米

🏮 西晋　元康四年青瓷堆塑罐
　　口径 13.5 厘米　　底径 14.2 厘米　　通高 50.5 厘米

西晋 天纪元年越窑青瓷堆塑罐
通高 45.3 厘米

以前的瓷器，所以即使墓室被盗，瓷谷仓也会留在墓中。这是目前市场有大量的谷仓的原因。

目前古玩市场上的谷仓精品不会少于5万件，价格便宜。

（四）影响收藏价值的因素

魏晋青瓷堆塑罐是许多收藏者不了解瓷器品种，有人认为是墓主在阴间使用的器物，甚至有人认为是骨灰坛，不吉利，因而不愿意收藏。其实，"冥器"是明器之误写，明器是神明之器的简称。经营者也没有了解魏晋青瓷堆塑罐的相关知识和文化意义，没有用正确的商品知识培育市场，所以长期以来价格低迷。目前，在我国各大古玩市场都有魏晋青瓷堆塑罐仓，但走货情况不甚乐观。

（五）目前国内外市场行情

魏晋青瓷堆塑罐的价格仍处于较低的水平。在国外市场上，魏晋青瓷堆塑罐很少能见到。也因如此，价格更是一直没有上涨的动向，通常千百元就能淘到一个好窑口的完整谷仓。

（六）投资增值依据

以我多年的收藏经验来看，魏晋青瓷堆塑罐是非常值得收藏一种高古瓷类型。首先是形制特殊；二是具有丰富多彩的文化内涵，不同于一般的明器；三是魏晋青瓷堆塑罐流行期短，数量相对有限，而目前价格较低，今后会有很大的升值空间。

九、史前彩陶

（一）释名与沿革

1．释名

彩陶是史前陶器，在打磨光滑的橙红色陶坯上用天然矿物质颜料（赭石和氧化锰作呈色元素）描绘纹饰，然后入窑烧制而成，在红陶的表面呈现出赭红、黑、白诸种颜色纹样。古代还有一种彩绘陶，两种陶器上都有彩绘纹，看起来相仿，但在工艺上是有区别的：彩陶是在生坯上彩画，入窑后烧成；彩绘陶是烧成陶器后才彩绘的。

彩陶记载了人类文明初始期的经济生活、宗教文化等方面的信息，具有很高的学术价值和美学价值。

过去，西方考古学家曾认为中国彩陶源于古代巴比仑，随着我国考古事业的发展，发现了越来越多的彩陶器，而且中国彩陶文化分布广泛，延续时间达五千多年，跨越老官台、仰韶、马家窑、大汶口、屈家岭、大溪、红山、齐家等文化，在世界彩陶历史中艺术成就最高。

2．沿革

彩陶发源于距今约一万前的新石器时代早期，此时原始先民进入平原地区，开始定居农耕，发明了制陶技术。考古资料表明，我国关中地区是原始先民定居农耕的地区之一，在公元前六千年的老官台文化时期就有较发达的陶器，有个别钵形器口沿装饰一条宽彩带，这是彩陶的萌芽。在公元前五千年的西安半坡村的仰韶文化遗址中发现了数量较多的彩陶，画工精美，表明在半坡时期的

🌸 仰韶文化　彩陶尖底瓶

🏮仰韶文化　网纹彩陶船形壶

原始先民已经能熟练制作彩陶了。

　　彩陶器型大部分是日常生活用品，常见有盆、瓶、罐、瓮、釜、鼎等，从器型上很难看出来有其他特殊的用途。

　　但彩陶确实是出于特定的原始宗教目的才制作的精美之器，所绘彩纹也有特定的寓意，表达了原始先民朦胧的文化意识，因而彩陶绝不是一种比一般日用陶器更好看些的器物。例如在仰韶文化遗址中曾发现用两瓮对合埋葬小孩的例子，瓮上凿一小孔，表达了原始人对再生的向往。

（二）工艺特点、品类与鉴定

1. 工艺特点

　　彩陶工艺特点是先在生坯上彩画，入窑后烧成，是在红陶上呈现彩绘纹。

　　彩陶工艺技术有三点：第一，会烧制红陶，陶坯成型工艺较好，陶坯表面有很好的光洁度，颜料才能渗透到陶胎里面。第二，掌握和使用天然矿物颜料。第三，能控制烧彩陶的窑温，窑温度合适，颜料的附着力才强，纹饰才牢固。

🏵 仰韶文化 彩陶盆

（1）成型方法

我国新石器时代制陶成型有手制、模制和轮制三种。从早期手制，经慢轮修整，发展到快轮制陶，经历了一个漫长的发展过程。最早制陶是没有陶轮的，大约在距今七千年时才用慢轮，在距今五千年左右的龙山文化，才发明使用快轮。

手制法制陶有捏塑法、泥片贴筑法和泥条筑成法。捏塑法仅限于少量小型器物，或制作陶器上的附件如耳、足等。泥片贴筑法，主要流行于我国南方地区；泥条筑成法，是包括甘肃在内的黄河流域的主要制陶方法。

模制法制陶，就是用模具成型，这样就可以用模具做出一批相同的陶器。这是一种先进的制陶工艺。我国最早的彩陶，即大地湾文化遗址中出土的彩陶，就是用模具敷泥法制成。成熟阶段的模制法盛行于黄河中游的庙底沟、龙山文化。两者虽同是模制，但工艺并不同，前者在模具上敷泥，后者却是在模具上垒筑泥条。

轮制法制陶，是用快速旋转的陶轮拉坯成型的工艺。据李文杰先生观察，只有转速达到每分钟 90 周以上，坯体才能迅速成型，低于这个速度，转轮只能用以修整坯体的工艺。可见慢轮虽已用于制陶，但因无法使陶器成型，因而只可作为辅助手段修整坯体，所以不能归入轮制法。根据研究成果，甘肃彩陶的成型主要是用模具敷泥法和泥条筑成法。

彩陶的繁荣与制陶工艺有密切的关联性，快轮兴起后，彩陶便迅速衰落。经研究发现，凡制作彩陶，其制陶工艺必然停留在手工制作阶段，掌握和使用

🐚 仰韶文化 彩陶双连壶

了快轮制陶术之后，彩陶工艺便很快随之消亡。甘肃彩陶直至辛店、沙井文化，仍然使用泥条筑成法制作。我国西北地区彩陶生产之所以到青铜时代依然十分发达，其重要缘故就是未能掌握快轮制陶的方法，也正因为如此，才使得甘肃彩陶丰富多彩、异彩纷呈。

(2) 陶衣

绘彩之前在陶坯上施一层彩色陶衣，是仰韶中期以后各类型彩陶常见做法。施陶衣之后，器表如同披上一层华丽的彩衣，再用其他颜色绘彩。如在红色陶衣上绘黑彩，色彩对比强烈且稳重，更加绚丽夺目。有的陶器加陶衣后即使不再绘彩，如大地湾四期陶鼎，通体饰紫红陶衣，仍显得华美耀眼。陶衣原料一般为仔细淘洗过的细陶土泥浆，有时也调入其他颜料。加施陶衣时，将泥浆涂刷在器表或将器物置放于泥浆中蘸泡而成。马厂类型以及火烧沟、辛店、沙井文化均流行红陶衣；仰韶、马家窑文化有少量白色陶衣。经鉴定，红色陶衣的原料是含铁量高的红黏土，白陶衣多为白垩土。

（3）绘彩工艺

彩陶是在陶坯尚未完全干燥时进行描绘的，绘彩后要用卵石等工具反复打磨，这样可使器表质地致密、光洁细腻。绘上去的彩料也会通过滚压打磨的手段嵌入器表，成为器表的有机组成部分，牢固地附着在坯体上不至脱落，且烧成后器表光亮，色泽美观。

半山类型的彩陶器表打磨得最为精细，图案明丽、光彩夺目。兰州市牟家坪半山类型的彩陶壶，颈肩交界处留有利用圆棍纵向滚压而产生的凹痕。经李文杰先生实验，内彩用硬而光的圆球进行滚轧，外彩可用硬而光的圆棍滚轧。滚轧时要注意用力的方向与器表基本垂直，这样彩料才不会移位，使图案保持原状。

2．品类

现代考古发现的彩陶，分布广泛，延续时间达五千多年，跨越老官台、仰韶、马家窑、大汶口、屈家岭、大溪、红山、齐家等文化，是世界彩陶艺术中成就最高的。

陶瓷界和考古界已对彩陶做过科学分类，从制作工艺、艺术成就、历史价值、升值空间等诸多因素看，陕甘宁青地区出土的仰韶、马家窑、齐家文化彩陶以及山东地区出土的大汶口文化彩陶，最宜收藏。

（1）仰韶文化彩陶

仰韶文化位于黄河中游地区，以黄土高原为中心，遍及河南、山西、陕西、甘肃、河北、宁夏等地。距今大约7000年，

彩陶钵

是我国新石器时代彩陶最
丰盛繁华的时期。

　　仰韶文化制陶工艺
相当成熟，有杯、钵、碗、
盆、罐、瓮、盂、瓶、甑、
釜、灶、鼎、器盖和器座等，
器物规整精美，最突出的
是双耳尖底瓶，线条流畅、
匀称，极具艺术美感。多
为细泥红陶和夹砂红陶，
灰陶与黑陶较为少见。彩
绘精美，反映了当时人们
生活的部分内容及艺术创
作的聪明才智。另外还有
磨光、拍印等装饰手法。
由于时间跨度与分布地域

🏵 仰韶文化 人面鱼纹钵

🏵 马家窑半山文化 彩陶壶

的不同，仰韶文化必须分类加以区别，主要有半坡类型和庙底沟类型。

①半坡类型彩陶

半坡类型彩陶，以西安半坡、临时漳姜寨、宝鸡北首岭等遗址出土品为代表，距今约7000年，是我国彩陶中年代较早、器型纹饰特点突出、影响较大的一个类型。

半坡彩陶有汲水尖底瓶、葫芦、长颈瓶等特有的器型。另外还有盆类、罐类，与今天的盆罐大体相似。

半坡彩陶早期纹饰，多为散点式构图。在一件彩陶上，彩绘只占据器面的一小部分，纹样风格是自然形态的再现，有奔鹿、鱼纹、人面纹、蛙纹、鸟纹、猪纹以及由以上纹样两种或三种组合的纹样，形象可爱，表现了早期人类的天真稚气和与大自

马家窑文化　彩陶鸭形壶

然的亲密关系。还有一些几何纹样，如折线纹、三角纹、网纹等。

②庙底沟类型彩陶

庙底沟类型的彩陶，以河南陕县庙底沟及陕西华县泉护村遗址出土彩陶为代表，主要有盆、碗、罐等，早期和中期也有类似半坡的葫芦形瓶。

彩绘多施于大口小底曲腹盆外壁的上半部，纹样多用弧线描绘，除了鸟、鱼、蛙等动物图形外，最多见的以圆点、弧边三角、垂幛、豆荚、花瓣、花蕾等构成的图案，植物纹显著增加。多数图案采用二方连续的方式构成，是节拍的具象化，有较强的艺术节奏感。

(2) 马家窑文化彩陶

马家窑文化因最先发现于甘肃临洮马家窑而得名，深受中原仰韶文化影响，被称为甘肃仰韶文化，时间跨度在黄河上游地区新石器时代晚期。

马家窑文化制陶器，用泥条盘筑法成型，陶器呈橙黄色，器表打磨得非常细腻。

🌼 马家窑文化 卍字纹彩陶长颈壶

马家窑文化彩陶继承了仰韶文化庙底沟类型爽朗的风格，但画工更为精细，形成了绚丽典雅的风格，艺术成就最高。马家窑文化彩陶，早期以纯黑彩绘花纹为主；中期使用纯黑彩和黑、红二彩相间绘制花纹；晚期多黑、红二彩并用绘制花纹。

马家窑文化制陶已开始使用慢轮修坯，并用转轮绘制同心圆纹、弦纹和平行线等。马家窑文化彩陶大量生产，说明此时出现了专业制陶工匠。

马家窑出土的陶器中彩陶约占三分之一，多以橙黄色为地，施黑彩或深灰彩。按时间先后可以分为马家窑、半山、马厂三个类型，延续时间一千年，在器形和花纹上各具特色。

① 马家窑类型彩陶

马家窑类型彩陶是马家窑文化早期的一个类型，因1924年发现于甘肃临洮马家窑村而得名。分布于青海、宁夏、四川等地。年代约为公元前3300年到前2900年之间，为藏家所重。

马家窑类型彩陶多瓶、罐、盆、瓮等器形，尖底器已消失。纹饰有人物纹、动物纹。人物纹以青海大通上孙家寨出土的舞蹈人物彩陶盆为代表，盆内沿描绘5人一组携手起舞，腰带随之飘动。动物纹有蝌蚪纹、蛙形纹。最具时代特征的是旋涡纹和波浪纹，旋转起伏，具有强烈动感，最具时代特征。

② 半山彩陶

半山类型彩陶是马家窑文化晚期的一个类型，年代约在公元前2900年到前2350年之间。以泥条盘筑法成型，器型多为罐、壶，造型饱满近似球，足内收，腹近直线，由于器型的下半部内收，彩绘装饰都集中于陶器的上半部。彩绘既绘于器物外壁，又绘于内壁。纹饰多为几何纹，以红彩和黑彩两色相间的锯齿纹为骨架，构成各种图案，常见纹饰有

🦁 马家窑文化　人面鱼纹彩陶双耳瓶

葫芦形内填网格纹、游涡纹、水波纹、菱形纹、连续三角纹、宽带纹、平行条纹、圆圈纹、多线连弧纹等。其中游涡形纹最为常见。色彩鲜明,动感强烈。

半山类型彩陶是我国彩陶文化的高峰阶段,显示博大、成熟和完美的特色。

③马厂类型彩陶

1924 年秋发现于青海民和马厂塬,主要分布于青海、甘肃等地,是马家窑文化晚期的一个类型,年代约在公元前 2350 年到前 2050 年之间。

器形基本沿袭半山类型的造型,但较之半山彩陶显得高耸、秀美,出现了单耳筒形杯,耳、纽的造型富有变化。纹饰有同心圆纹、菱形纹、人形蛙纹、

🌸 大汶口文化 彩陶星纹高足杯(豆)

🌸 大汶口文化 彩陶尖底罐

平行线纹、回纹、勾连纹等。

另外，大汶口文化、大溪文化，屈家岭文化、齐家文化等遗址中也出土了彩陶，但在数量、规模、艺术水平等方面与上述文化类型的彩陶有一定差距。

3．鉴定

彩陶是陶器，原材料便宜，制作工艺简单，仿制成本低，又有一定的市场需求，所以有人进行仿制。仿制方法如下：

（1）按已发表的资料进行仿制

以已发表的考古发掘出土的彩陶为范本进行仿制，制作成本在 10 元至 30 元之间，要价几百元至几千元。少量伪作达到了惟妙惟肖的程度，报价也较高，有些比真彩陶的价格还高，欺骗性极大。

对行家来说，从器形、胎质、色彩、图案和烧制火候上一看即可识破，但一般收藏爱好者却很容易上当。

新石器时代
彩陶双耳壶

（2）老胎新画

行里叫"后画彩"，有两种情况：

一种是老彩后描，分整体描和局部描两种。这是针对有的彩陶出土后色彩脱落严重，造假者在保留原彩的基础上用矿物颜料画，即采用古人所使用的颜料绘制，色彩效果达到乱真的程度，局部描彩则更难辨认。也有人用丙烯颜料画，看上去感觉新，色彩明快，不易洗掉（因是现代颜料，易被行家识别）。

另一种是老胎后画彩。方法一是把脱落严重的彩陶上残存的彩纹，用细砂纸打磨掉，然后抛光修整，重新绘彩。方法二是直接在出土的素陶上用前面的两种画法绘彩。由于彩陶上有动物纹、人物纹的价格都很高，因此作伪者会在真彩陶的几何形图案空白处或只有外彩而没有内彩的盆或钵内填画动物、人物和怪异图案，再用喷灯加温固定颜色，或重新回炉（这样用水擦洗不会掉色）。这是目前见到最多的一类。

（三）存世量分析

彩陶最早是1912年在河南渑池仰韶村新石器时代文化遗址发现的，随着我国考古的蓬勃发展，近几十年来在甘肃、青海、陕西、宁夏、河南、河北、山西、山东、江苏、四川、湖北等地都有彩陶出土。这说明彩陶分布地区广，数量大。

目前市场上彩陶的存世量非常大，而且各时期的彩陶也有一定数量，能够满足目前收藏爱好者的需求。

（四）影响收藏价值的因素

彩陶价格一向不高，主要有如下几个原因：

一是古玩市场上有很高的存量。

二是因彩陶是史前的陶器，距今有几千年的历史，一直埋在地下，经过了几千年才出土，出土后很少有保持完整的，一般人视为碎陶片，这也造成了彩陶市场价格一直很低。

三是收藏者对艺术收藏品都有"真材实料"的要求，一般会优先收藏材料名贵、做工优异者。彩陶毕竟是陶器，特别是已破碎为陶片的彩陶，收藏者自然看不上。

好在近年来收藏投资者对彩陶的文物价值有了进一步了解，彩陶价格也呈现上涨的趋势。目前在国际和国内的拍卖市场上虽然未见彩陶参拍，但彩陶却是世界各大博物馆都有的藏品，而且评价甚高。可想而知，彩陶的文物价值是不可忽视的。

（五）目前国内外市场行情

仰韶文化彩陶，因近十年发现数量不大，民间流通很少，普通彩陶价格一直在增长，一件半坡类型彩陶钵（有一周红彩），十年前一件价格为 2000 元至 2500 元，如今价格为 1 万元至 1.6 万元；精品彩陶，如一件半坡类型细颈瓶，目前一件价格为 8 万元至 15 万元。

庙底沟类型彩陶瓮，十年前一件价格为 2 万元至 3 万元，目前价格约在 8 万元至 13 万元之间。由于仰韶文化彩陶发现和存世量少，制作精美，它的价格只会越来越高。

马家窑文化彩陶行情较好，各种类型彩陶都受到收藏者的重视。

马家窑类型满彩盆，十年前一件价格约 3000 元至 5000 元，现在一件价格约在 4 万元至 6 万元。精品马家窑类型饰满彩的精品瓶，十年前一件价格约为 1.2 万元至 2 万元，现在应在 10 万元至 12 万元之间。

马家窑文化半山类型的旋纹大罐，十年前一件价格约为 5000 元，现在价格约为 3 万元至 4 万元至，精品今年已达 5 万元。

半山类型稍大一些的鸟形罐，十年前一件价格约为 5 千元至 6 千元，如今价格为 4 万元至 6 万元，精品已达 8 万元至 12 万元。

马家窑文化马厂类型高 12 厘米到 18 厘米的小罐，十年前一件价格约为 40 元至 80 元，如今价格已达 600 元至 1000 元。

马厂类型四圈纹大罐，十年前一件价格约为 800 元至 1200 元，现在价格为 8 千元至 1.5 万元。

总之，彩陶的增值与彩陶的文化类型、艺术价值、史学价值、存世量、知名度等都有着密切关系。一件精品彩陶更离不开它的完整性和艺术性。从目前彩陶的价位来看，远未达到它应有的价位，增值空间还很大。

（六）投资增值依据

中国彩陶发现较晚，至今只有九十年，对大多数的人来说，这是一种新的高古陶器，价值毋庸置疑，可以说彩陶是中国史前文物的重要标本。一些收藏者看到彩陶的这种特点，已开始收藏彩陶中的精品，导致彩陶价格开始上涨，如马家窑彩陶的价格上涨就比较快。但相对其他陶瓷器，彩陶的整体价格仍然相对较低，投资者可以考虑彩陶中有历史价值同时又外表完整、陶衣色彩较好的作为收藏对象。笔者认为仰韶文化彩陶、马家窑文化彩陶、齐家文化彩陶和山东地区大汶口文化彩陶最宜收藏。

十、宋元堆塑瓶

（一）释名与沿革

1．释名

在江西中部地区宋元墓中出土一种白釉或青白釉瓷瓶，因这种瓷瓶上部大多堆塑龙虎、日月和一些内容复杂、并不相同的雕塑。于是有人以堆塑的某一主要题材命名，有人称为堆塑龙虎瓶；也有人把塑龙、虎者，称为"龙虎瓶"，塑日、月形者，称为"日月瓶"。也有人据这类瓶体的形态命名，如"堆塑长颈瓶""盘口瓶""罐形瓶"等。

还有人认为应叫龙虎瓶，理由是："龙虎"本为道家语，道教常用的铅汞等炼丹之物就有"龙虎""水火"等代称。江西贵溪有道教名山龙虎山，玉山县与德兴县交界处有道教圣地三清山，三清山上有龙虎殿，殿前有龙、虎岩雕，因此"龙虎"形象是道教的象征。

此外，还有人以其可能的功能进行命名，如"魂瓶""净瓶""皈依瓶""谷仓"等。

总之，这种用于墓葬的神明之器，装饰题材多样，造型不统一，都是用堆塑工艺制成，流行于宋元时期我国南方

🔴 宋 青白瓷堆塑瓶

地区，故本文统称为宋元堆塑瓶。

宋元堆塑瓶也可以看成是寓意吉祥的小型雕塑作品，工艺性强，有重要观赏性和艺术价值，而且流行时期短，数量有限，颇为珍贵。

2．沿革

宋元堆塑瓶是明器，主要成对出现于南方部分省区的宋代墓葬之中，其中以江西、福建、湖南、广西为多，在湖北、浙江、广东地区也有发现。堆塑瓶自宋朝开始出现并逐步繁荣发展，到元明时期又趋于简单乃至消失。

宋元堆塑瓶源于浙江地区魏晋青釉堆塑罐。再往前追溯，则可追溯到新石器时代的谷仓陶瓶、谷仓罐类。谷仓是收藏粮食的仓库，是生活安定富足的象征。古代埋葬死人时将象征谷仓的陶瓶、陶罐埋入墓中，显然是相信人的灵魂不灭，死后会在另一个世界继续生活。谷仓瓶成为葬俗一直在流传，我国南方有些少数民族甚至一直使用到现在。近世民间葬俗中亦多有以"宝瓶""食罐""粮仓""五谷囤""招魂袋"之类器物随死者葬入土中的，一般认为是谷仓之俗的孑遗。历史上，谷仓的制作

🏵 南宋　龙泉窑堆塑蟠龙盖瓶

🏵 南宋　浙江温州地区流行的青瓷龙瓶

和使用极为普遍，各地区、各民族、各窑口皆有生产，形态、内容、风格各不相同，异彩纷呈，同时也是中国古陶瓷出土，传世最大的内容和品种之一。

宋元堆塑瓶产生和消失的原因与朝廷政策有关。唐代、五代厚葬风气盛行，各种"明器神煞"都是按本样制作的，陪葬时要用一大堆。

宋代遏制厚葬之风。宋开宝三年（970）十月，朝廷下诏："禁丧葬之家不得用道释威仪及装束异色人物前引。"九年（976）又诏曰："访闻丧葬之家，有举乐及令章者。盖闻邻里之内，丧不相舂……今后有犯此者，并以不孝论……所在官吏常加觉察，如不用心，并当连坐。"因此，民间不得不以简化版的方式来坚持自己的信仰与习惯，把在此之前墓葬所用"明器神煞"及送葬鼓吹等场面，以微型堆塑方式集中表现在一对瓶上，这样既不违背朝廷的禁令，又保持了原有的葬俗。

宋元堆塑瓶上大量出现的孝子、哭丧、送葬等塑像，又是儒家思想的产物。正如徐吉军先生在《中国丧葬史》一书中概括的那样："宋元时期，随着佛教中国化程度的加深和道教的更加世俗化，统治阶级极力推进儒、释、道三教的合流，从而促进了封建迷信的泛滥。"

除了儒、释、道三种思想之外，本地区特有的民族特色也会体现于堆塑瓶之上，这一点在湖南地区尤为突出。湖

🏵 宋代　青白釉堆塑瓶

🏵 宋元　青釉堆塑瓶瓶（龙形耳、长颈）

南古为南蛮之地，生活着侗、苗、瑶等多个少数民族，其自由的神灵或图腾也在这一地区流行，因此这也是湖南地区同其它省份有很大不同的一个主要原因。"怀抱婴儿这一堆塑题材就是当地侗族图腾崇拜的体现"。（张涛，《湖南考古辑刊》，1999）

还有人认为，宋元堆塑瓶是宋代道教文化的产物。有不少学者进行专项研究，如杨后礼先生撰文对江西地区出土的青白瓷堆塑瓶的造型以及出土情况进行分析，认为此类瓶是宋元时期江西道教徒众的特殊随葬品。理由是宋元堆塑瓶的出土地区都是道教正乙派活动的中心地区，特别是1950年在江西贵溪县陈家村发现了道教第三十六代天师张宗演墓出土了堆塑瓶，似乎就更能说明具有道教思想的信徒在丧葬活动中有使用堆塑瓶作为明器的习惯（《文物参考资料》，1951）；同时堆塑罐上塑有四神、仙人等，属道家文化的范畴。

另外，宋元堆塑瓶与道家文化的"明器神煞"也十分密切。"明器神煞"是指随葬明器和与阴阳迷信有关的遗物（徐苹芳，《考古》，1963）。宋代一朝，堪舆之风十分盛行，这从皇家陵墓的选址、构筑中可见一斑。宋仁宗时王洙等人奉敕编纂的《地理新书》，是一本官修阴阳术书，专门介绍阴阳宅第之选择和埋葬习俗（陈朝云，《郑州大学学报》，2002第 期）。书中提到的"五音姓利说"

对陵墓的选址布局影响很大。具体来说是把诸侯姓按宫、商、角、徵、羽"五音"分为五类，再与"五行"相对应，从而得出某姓所利的阴阳宅方位（刘毅，《故宫博物院院刊》，1999第 期）。

（二）工艺特点、品类与鉴定

1. 工艺特点

宋元堆塑瓶为立体瓶状，上半部用堆塑技法表现龙虎、日月，以及云、鸟、凤、鸡、犬、将军、侍从、佛像、四灵、道教神仙等，成为表现民间丧俗观念的明器。

堆塑是一种塑形技法，批量生产要先准备好常用形象的模具如鸟、人、物、龟、犬、佛像、四灵、道教神仙等，在模具放入瓷土，压制成单独的小件，再根据题材的需要贴在瓶坯体的上部，让各种单独小件都贴在一起，形成题材丰富、寓意吉祥的雕塑群像。堆塑瓶的坯体晾干后上釉，入窑后烧成。

2. 品类

考古资料，宋元堆塑瓶主要流行于江西、福建、湖南、广西，在湖北、浙江、广东地区也有发现，在形制上各有特点。

（1）江西地区宋元堆塑瓶的特点

江西地区是发现堆塑瓶最多的一个省份，有长颈瓶和短颈瓶两种，长颈堆

🌸 宋代 青釉堆塑瓶

🌸 宋代 青釉堆塑瓶

塑瓶数量最多，在江西的部分地区几乎是每墓必出，可见当时是流行之物。从造型来看，不同时期的堆塑瓶有如下特点可作为断代的特征：

北宋堆塑瓶，长颈丰肩，颈部堆塑简洁，多用弦纹衬底；瓶肩部塑有类似荷叶边形的附加堆纹，伴随有龙虎、云托日月、鸡犬等堆塑；部分有半弧形的把；盖顶多呈现斗笠状，上塑立鸟或宝珠；腹部上鼓下收，均素面无纹。

南宋堆塑瓶的堆塑内容开始繁杂，也有一定的规律，如瓶肩部普遍塑有一周立俑，弦纹线为衬底，盖和颈部的高度变得较长，瓶颈部堆塑龙虎、日月、

伏听俑、马、鸡、犬、蛇、龟等，但瓶腹部无纹。南宋晚期，瓶颈部的弦纹消失，堆塑的种类减少，体积变小，纹样模糊。

元初堆塑瓶保留了南宋晚期的特征，元中后期堆塑的类型变少，且布局稀疏，制作日渐粗糙，体积也明显变小。

(2) 福建地区宋元堆塑瓶的特点

福建地区的堆塑瓶都是在宋墓中发现的，瓶上堆塑人物、动物，不过南宋后期墓中的堆塑装饰已逐渐消失，似不能算是堆塑瓶了。福建地区宋墓中还有多角瓶。从北宋至南宋末期，堆塑瓶的形态是由繁到简的。

🔥 宋代 青白釉堆塑龙虎瓶（带盖）

🔥 宋代 青釉堆塑龙虎瓶

🐾 宋代 黄白釉堆塑瓶

🐾 宋代 青白釉暗刻花堆塑瓶

🔥 宋代 青白釉堆塑龙虎瓶（带鸟形盖）

🔥 宋代 卵白釉堆塑龙虎瓶一对

(3) 湖南地区宋元堆塑瓶的特点

湖南地区除堆塑瓶和多角瓶外，还有一类盘口堆塑瓶，这些器物上的部分堆塑带有湖南的地方特色。另外，祭祀、送葬、鼓吹、舞蹈等方面的内容是其他各省较为少见的。但其他地区堆塑瓶上常见的日月、神人堆塑在湖南地区则很少出现。关于湖南地区的堆塑题材，张涛先生对其进行过详细的分类：一是守护神类附加堆塑，有四神、龙蛇龟、二龙护塔、人蛇堆塑等；二是丧葬仪式类附加堆塑，有祭祀、出殡、庖厨等类型；三是家庭、庭院生活类附加堆塑，包括一般动物个体、房屋粮仓、狩猎等；四是图腾类堆塑，如怀抱婴儿堆塑等。（张涛：《湖南宋代罐形附加堆塑刍议》，湖南考古辑刊 1999 年 第 10 期）

(3) 广西地区宋元堆塑瓶的特点

广西地区的堆塑瓶，瓶体轻巧俊秀，有仿生的竹栉形，也有多级式塔形。北宋中晚期堆塑瓶以多级塔形并饰以 S 纹为多，个别出现刻花莲瓣及人物纹的。到南宋早期，多级塔式堆塑瓶消失，多见直口、短颈、弧肩、长圆腹、圈足的瓶体，部分还带有围栏的瓶，纹样也比北宋堆塑瓶丰富，特别是采用复杂的镂空纹样，独具特色。

由于各地区的堆塑瓶在共性的前提下，还存在自有的特点，因此我们在讨论堆塑瓶所反映的文化内涵时也要考虑各地区的文化差异，不能笼统地讨论。

3. 鉴定

宋元堆塑瓶与宋元时期的白釉、青白釉瓷瓶没有本质的区别，完全可用鉴定宋元白釉瓷、青白釉瓷的方法来识别现代仿品。

前文讲堆塑工艺时讲到宋元堆塑瓶上的局部雕塑形象是模压成型后再贴上去的，因此同期的宋元堆塑瓶上，雕塑形象的细节会有相似之处。如收藏者若见过多种真品，或收有真品，即可据此进行特征

🌸 宋代 青白釉堆塑龙虎瓶一对

🔥 宋代　青釉螺旋颈堆塑龙虎瓶

🔥 宋代　青釉堆塑龙虎瓶

比较，以鉴别现代仿品。 易入手。

（三）存世量分析

宋元堆塑瓶，粗略统计约有一万对左右，精品和品相好的约有两千对，这个数量在真品的文玩中已是很多的一类了，而且造型独特，让收藏者们容

（四）影响收藏价值的因素

宋元堆塑瓶的出现是朝廷对过分隆重的葬俗进行约束和限制的结果，于是民间便把多种神明之器综合在一起，以简化版的方式出现。但盗墓者以为是盛

🌸 宋元　青釉堆塑龙虎瓶

装骨灰的用具，误称为"魂瓶"。这种误称后世古玩铺也沿用，堆塑龙虎瓶博大精深的古玩价值没有体现出来。

目前收藏者对宋元堆塑瓶的来历、用途、文化价值不了解，以为是盛装骨灰或灵魂的瓶子，认为不值钱。这种推理是有问题的，是把明器视为"冥器"了。我们熟知的许多收藏名品，如龙泉窑龙虎瓶、越窑青瓷堆塑罐、唐三彩、兵马俑等众多国宝，都是明器而非"冥器"，都是古代吉祥文化（包括丧葬文化）的重要组成部分，没有人认为这类东西不值钱。

由于对宋元堆塑瓶的名称误定和文化价值的错误传播以及人们对瓷器功能的认识误读，在一些缺乏历史文化知识的专家误导下，宋元堆塑瓶在我国文物市场私下交易的价格很一般，远远未能体现其真实价值。

由于国内不认宋元堆塑瓶，故价格一向很低，昔日在国外拍卖一百余万元的宋元堆塑瓶，在国内仅以千元的价格

🌸 宋代 青瓷堆塑龙虎瓶

就可收藏。

（五）目前国内外市场行情

目前，国外拍卖市场，宋元堆塑瓶每对价格约 8 万元至 15 万元，精品宋元堆塑瓶每对价格 15 万元至 50 万元，品相完整无缺陷的精品宋元堆塑瓶，每对价格 180 万人民币。

国内古玩市场，普通宋元堆塑瓶每对价格 1 万元至 2 万元；精品宋元堆塑瓶每对价格价 5 万元至 8 万元；品相完整无缺陷的精品宋元堆塑瓶，每对价格 30 万元人民币，远远未能达到国际市场的价格。

（六）投资增值依据

业内很多专家表示，高古陶瓷这几年的发展理性，符合国际文物市场发展规律，只不过因政策和鉴定方面的一些原因，使高古陶瓷的价格未能达到预期高度。

随着民间收藏热的升温及民间资本的大举进入，高古陶瓷肯定会迎来更好的行情。高古陶瓷今后会持续上涨的原因很多，其中有三点是可以肯定的，这也是带动着宋元堆塑瓶价格上涨的原因：

其一，在目前国内文物市场日趋繁荣，收藏队伍不断扩大，收藏爱好者收藏一两件年代久远的文物早已不是稀罕

🏵 南宋　青白釉褐彩花卉堆塑蟠龙瓶（福建）

事了。前不久北京某媒体作过一个调查，结果发现有 15% 的受访收藏者都承认家里有高古陶瓷。而彩陶、汉罐之类的品种放在文化人的书房里可以增加文化气息，而一般收藏家则认为它们可以辟邪，也就是知道"明器"的作用。

其二，明清瓷器的价格被逐年炒高，遑论官窑，即使是民窑精品在市场上也越来越少见，收藏爱好者就将收藏目标

🌸 南宋　浙江温州地区流行的青瓷龙瓶

反倒不那么引人注目，便于操作。

事实证明，政策滞后已在客观上造成了对出土文物的伤害，在国内流通困难的情况下，大量有相当质量的高古陶瓷流至海外也是不争的事实。资料表明，近二十年来流散至海外的文物超过近二百年来流散文物的总和。上海收藏家协会会长吴少华向记者透露长江三峡建设过程中挖出的各类古陶瓷达 30 万件之巨。在现行法律约束下，这批文物价值和经济价值都不高的出土文物就成了工程建设部门的一大负担，必须建造专用库房存放，还要设专人看管。吴少华根据目前国内民间收藏的包容量来进行分析说："不如进行分类，由国家和省市级博物馆保存高精尖的文物，大多数普通品则不妨让民间收藏爱好者来收藏研究，同时适当开放市场，效果肯定好得多，否则两头不落实，国家得不偿失。"

综上所述，可知宋元堆塑瓶具有文物价值高、科技工艺含量高、艺术表现丰富、数量较少、可欣赏性强、寓意吉祥等特点，在高古瓷这个大项中也很显眼，是一个值得收藏的项目，其价值潜力及升值空间不可限量。

对准了流通还不那么容易、价格不算太高的高古陶瓷。

其三，国内大规模的基建已经结束，在野外出土的高古陶瓷肯定会越来越少。认识到这一点的人，就开始大量收进高古陶瓷。他们相信，一旦国家有条件地放开高年份文物的境内交易，那么高古陶瓷价格肯定还会上涨。事实上，有些小型的拍卖公司已经开始拍卖这类高古陶瓷了，一方面是他们有相关的资质，另一方面则有人脉关系，在突破这层坚冰方面，小公司